中华文化风采录

传奇的祭坛

陈 璞 编著

千秋圣殿奇观

北方妇女儿童出版社

长春

图书在版编目(CIP)数据

传奇的祭坛 / 陈璞编著. —长春：北方妇女儿
童出版社，2017.5（2022.8重印）
（千秋圣殿奇观）
ISBN 978-7-5585-1062-5

Ⅰ. ①传… Ⅱ. ①陈… Ⅲ. ①祭祀遗址－介绍－中
国 Ⅳ. ①K878.6

中国版本图书馆CIP数据核字(2017)第103417号

传奇的祭坛

CHUANQI DE JITAN

出　版　人	师晓晖
责任编辑	吴　桐
开　　本	700mm×1000mm　1/16
印　　张	6
字　　数	85千字
版　　次	2017年5月第1版
印　　次	2022年8月第3次印刷
印　　刷	永清县晔盛亚胶印有限公司
出　　版	北方妇女儿童出版社
发　　行	北方妇女儿童出版社
地　　址	长春市福祉大路5788号
电　　话	总编办：0431-81629600

定　　价　36.00元

习近平总书记说："提高国家文化软实力，要努力展示中华文化独特魅力。在5000多年文明发展进程中，中华民族创造了博大精深的灿烂文化，要使中华民族最基本的文化基因与当代文化相适应、与现代社会相协调，以人们喜闻乐见、具有广泛参与性的方式推广开来，把跨越时空、超越国度、富有永恒魅力、具有当代价值的文化精神弘扬起来，把继承传统优秀文化又弘扬时代精神、立足本国又面向世界的当代中国文化创新成果传播出去。"

为此，党和政府十分重视优秀的先进的文化建设，特别是随着经济的腾飞，提出了中华文化伟大复兴的号召。当然，要实现中华文化伟大复兴，首先要站在传统文化前沿，薪火相传，一脉相承，弘扬和发展5000多年来优秀的、光明的、先进的、科学的、文明的和自豪的文化，融合古今中外一切文化精华，构建具有中国特色的现代民族文化，向世界和未来展示中华民族具有独特魅力的文化风采。

中华文化就是中华民族及其祖先所创造的、为中华民族世世代代所继承发展的、具有鲜明民族特色而内涵博大精深的优良传统文化，历史十分悠久，流传非常广泛，在世界上拥有巨大的影响力，是世界上唯一绵延不绝而从没中断的古老文化，并始终充满了生机与活力。

浩浩历史长河，熊熊文明薪火，中华文化源远流长，滚滚黄河、滔滔长江是最直接的源头，这两大文化浪涛经过千百年冲刷洗礼和不断交流、融合以及沉淀，最终形成了求同存异、兼收并蓄的辉煌灿烂的中华文明。

中华文化曾是东方文化的摇篮，也是推动整个世界始终发展的动力。早在500年前，中华文化催生了欧洲文艺复兴运动和地理大发现。在200年前，中华文化推动了欧洲启蒙运动和现代思想。中国四大发明先后传到西方，对于促进西方工业社会形成和发展曾起到了重要作用。中国文化最具博大性和包容性，所以世界各国都已经掀起中国文化热。

中华文化的力量，已经深深熔铸到我们的生命力、创造力和凝聚力中，是我们民族的基因。中华民族的精神，也已深深根植于绵延数千年的优秀文化传统之中，是我们的精神家园。但是，当我们为中华文化而自豪时，也要正视其在近代衰微的历史。相对于5000年的灿烂文化来说，这仅仅是短暂的低潮，是喷薄前的力量积聚。

中国文化博大精深，是中华各族人民5000多年来创造、传承下来的物质文明和精神文明的总和，其内容包罗万象，浩若星汉，具有很强的文化纵深感，蕴含丰富的宝藏。传承和弘扬优秀民族文化传统，保护民族文化遗产，已经受到社会各界重视。这不但对中华民族复兴大业具有深远意义，而且对人类文化多样性保护也是重要贡献。

特别是我国经过伟大的改革开放，已经开始崛起与复兴。但文化是立国之根，大国崛起最终体现在文化的繁荣发展上。特别是当今我国走大国和平崛起之路的过程，必然也是我国文化实现伟大复兴的过程。随着中国文化的软实力增强，能够有力加快我们融入世界的步伐，推动我们为人类进步做出更大贡献。

为此，在有关部门和专家指导下，我们搜集、整理了大量古今资料和最新研究成果，特别编撰了本套图书。主要包括传统建筑艺术、千秋圣殿奇观、历来古景风采、古老历史遗产、昔日瑰宝工艺、绝美自然风景、丰富民俗文化、美好生活品质、国粹书画魅力、浩瀚经典宝库等，充分显示了中华民族厚重的文化底蕴和强大的民族凝聚力，具有极强的系统性、广博性和规模性。

本套图书全景展现，包罗万象；故事讲述，语言通俗；图文并茂，形象直观；古风古雅，格调温馨，具有很强的可读性、欣赏性和知识性，能够让广大读者全面触摸和感受中国文化的内涵与魅力，增强民族自尊心和文化自豪感，并能很好地继承和弘扬中国文化，创造未来中国特色的先进民族文化，引领中华民族走向伟大复兴，在未来世界的舞台上，在中华复兴的绚丽之梦里，展现出龙飞凤舞的独特魅力。

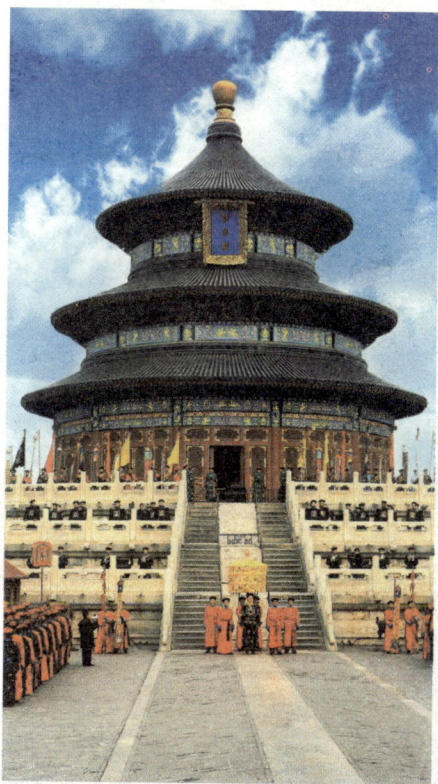

第一祭坛——北京天坛

祭地之坛——北京地坛

太阳神殿——北京日坛

夜明神殿——北京月坛

北京天坛

北京天坛是我国古代明、清两朝历代皇帝祭天和祈谷的地方。

北京天坛始建于1420年，总面积为273万平方米。它的主要建筑集中在内坛中轴线的南北两端，由南至北依次为圜丘坛、皇穹宇、祈年殿和皇乾殿等。它们设计巧妙，色彩调和，技艺高超，不仅是我国古建筑中的明珠，也是世界建筑史上的奇迹。

北京天坛是我国现存最大的古代皇帝祭天建筑，享有"天下第一祭坛"的美誉。

永乐帝为求雨而建天坛

据说明朝永乐皇帝朱棣进北京时，治了山也治了水，就是没和老天爷"搞"好关系。在他定都北京后，年景是一年不如一年，老天爷总是不肯下雨。

大地干得裂开了口子，种子撒在地里，全都被烤熟了，哪里出得

北京天坛

■ 天坛大佛

了芽啊！天旱无雨，庄稼颗粒不收，老百姓急得直跺脚。朱棣看到各地报来闹饥荒的奏折，心里别提多别扭了。

说来也巧，这天朱棣做了个梦，梦见他在地上跑着，他边跑边看，这大地怎么是白茫茫的一片啊？他再仔细一看，简直吓了一跳，原来这大地干得都泛白毛了。

顿时，朱棣觉得浑身发烫，口角发干，便想找点水喝，可是干涸的大地哪里有水啊！于是，他双手向上，仰望苍天，大声喊着："老天爷呀，赶快下场大雨吧！"

朱棣话音刚落，随着"轰隆隆"一个霹雳，从闪电中蹦出一条大汉，这位大汉浑身通红通红的。他张开大嘴说道："娘娘求雨，方可降雨！"说完，大汉就没了踪影。

朱棣醒来后，他才知这原来是一场梦。他就想，

永乐皇帝（1360年～1424年），就是朱棣，明太祖朱元璋第四子。明太祖去世后，继位的建文帝朱允炆实行削藩制度，朱棣于1399年发动靖难之役，于1403年攻入南京，夺取了皇位，改元"永乐"。他在位22年，其间功绩卓著，并迁都北京城，影响深远。

■ 天坛方胜亭

《左传》 原名《左氏春秋传》，又称《春秋左氏传》或《左氏春秋》，是我国第一部叙事详细的编年体史书，与《春秋公羊传》《春秋穀梁传》合称"春秋三传"。它的作者据传是春秋时史学家左丘明。

这或许就是天赐良言吧！他就传下圣旨："娘娘求雨三日，天不降雨，不准回宫。"

可是到哪里去求雨呢？群臣议论开了。有的说："就在宫里找个清静的地方，搭个台子，烧几炷香不就行了。"

有的说："那可不行，求雨要有诚意，这大明江山的兴衰，就在娘娘身上了。"

这时，一位白发苍苍的老臣，捋了一下白胡子说："《左传》上记载：天子当阳，左为阳道；右为阴道，依老臣之见，这台子必搭在国门外的南面，南为阳；正阳门外右道的左边，左为上。"

听了老臣的话，朱棣觉得有理，便说："依卿之言，娘娘求雨就应在南郊城门之左了。"

这下可忙坏了风水先生，他们东看看西瞧瞧，最后选中了一个有圆土丘的地方。在当时，那个圆圆的黄土丘远远看去就像块金疙瘩，硬邦邦的。风水先生说，全城就数这块地方最吉祥。

地址确定后，朱棣就下令在那圆圆的小土丘上搭了一个台子，接着，他又派凤辇把娘娘接来了。

再说这娘娘终年被锁在宫中，哪有机会外出啊！求雨这事虽说是个苦差事，倒也可以外出看看新鲜事物。开始求雨了，娘娘拜在台上，可心却不在台上，她东瞧西看，总想开开眼界。

就这样，一天很快就过去了，天黑了下来，娘娘的玩兴已过，肚子也"咕咕"叫了。娘娘想回宫，可就是不下雨，她想起皇上的话，"天不降雨，不准回宫！"圣旨不能违呀！娘娘只好忍住了。

到了第三天，娘娘再也熬不住了，她玩的心也早就没了，只是想：老天爷，行行好，下场雨救救我吧！我快累死了、饿死了啊！

圣旨 我国封建社会，皇帝下的命令或发表的言论。圣旨是我国古代帝王权力的展示和象征，其轴柄质地按官员品级不同而有严格的区别。其材料十分考究，均为上好的绫锦织品，图案多为祥云瑞鹤，富丽堂皇，两端则有银色巨龙作为标志。圣旨颜色越丰富，说明受赠官员官衔越高。

■ 天坛皇穹宇

可是，尽管娘娘说了一遍又一遍，这老天爷就是不下雨。到了晚上，朱棣也急了，这样下去，也不是事儿啊！无奈之下，他便亲自来到了祭台。

娘娘看见皇上从远处而来，那委屈的眼泪便"唰唰"地流了下来。只听"轰隆"一声，天上裂开了一条大缝，一场大雨降了下来。一场困扰大明王朝的大旱，就这样过去了。

后来，朱棣心想，看来这求雨还真管事，以后每年天旱的时候就来这求雨吧！但是，他又一想，总不能年年让娘娘这样辛苦吧！

于是，朱棣就降下圣旨，在娘娘求雨的地方建了一座祭坛，因为他认为这块"金疙瘩"接天气、最吉祥。今后皇家年年就来这儿祭天、祈谷，以求上天保佑大明王朝天下太平、五谷丰登。

这个祭坛，就是后来的北京天坛。

阅读链接

据说在天坛建成以前，那里曾经是一片黄土地，住着好多农民。其中有一家张姓的农户，男主人不幸死了，家里只剩下女主人和一个十六七岁的闺女。

后来，女主人因生活劳累，一病不起。姑娘请了好多医生给她治病，病就是不好。后来，姑娘听说北山山谷里有一种灵药可治她妈妈的病，于是，她就孤身一人去北山采药了。

姑娘历经七天七夜，最后在一位白胡子老头帮助下，终于采到了灵药。不久，她妈妈的病真的好了。她按白胡子老头的嘱托，把灵药种子撒在自己家周围土地上，不久就长出了许多药草。事情传开后，人们就给这些草药起名为"益母草"。

后来，北京成了都城。皇上要祭天，当他听了益母草的故事后，为了宣扬孝道，取信天下百姓，就在生长益母草的地方修建了祭天和祈谷的地方，这就是后来的天坛。

祖师爷暗助修建祈年殿

传说在修建天坛祈年殿的时候，朝廷召集了上千民工，不分昼夜地干活。有一天，有个年近70岁的老人说他会木工，要求做几天工挣口饭吃，别无他求。

工头见这个老人很可怜，就让他跟一个姓刘的木匠一起干活。刘

雄伟壮观的祈年殿

木匠就把老人带到自己的工地，他认为老人就是混饭吃的，他没有跟老人交代做什么活，自己只管闷头干了起来。

老头儿闲着没事，他就问刘木匠："师傅，你想让我做点儿什么活呢？"

刘木匠踢过一块半尺长的圆木头，看看老人说："给你，就弄这个吧！"

说完刘木匠又干起自己的活来，也不告诉老人做什么或怎么做。

老头儿也不问，扛起木头就到一边收拾起来。他用了整整一天时间，把这个木头的几面画了许多密密麻麻的数不清的黑线条。

第二天开工的时间过了，还不见老头儿人影。刘木匠生气地说："简直是胡闹，一天也没干出什么活儿来！"

刘木匠边说着，边走到老头儿做活的地方，踢了那块木头一脚，嘴里还不停地唠叨："这叫什么活儿啊！"

这一踢不要紧，话音未落，只听那木头"哗啦"一声全散了，变成了无数块木楔子，上面还有号码。

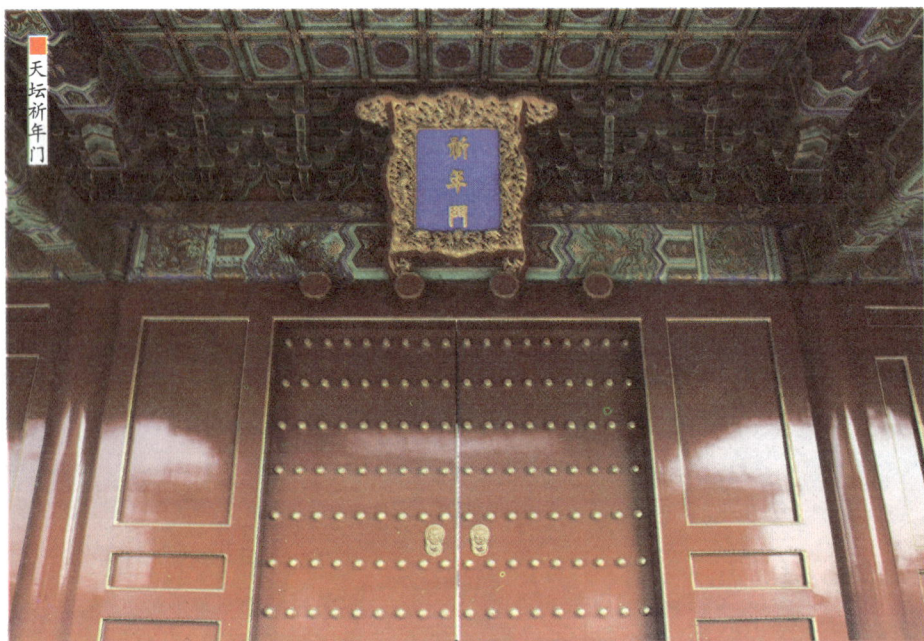

天坛祈年门

■ 祈年殿精美彩绘

刘木匠一愣，知道其中必有缘故，他心想，莫不是遇上高人了吧！说不定这是祖师爷鲁班的指点呢！他马上就把这些木楔子细心地藏了起来，以备后用。

没过多久，祈年殿就快完工了。就在安装房梁的时候，大家发现每个梁柱的接口处都不牢固。这时候，刘木匠才想起自己保存的那些木楔子。

他赶快拿来木楔子安在梁柱接口处，发现这些木楔子不大不小，正好将"飞头"与"老檐"牢牢地固定住了。房梁安装好了，这些木楔也都用完了，一个不多，一个不少！

有人觉得奇怪，就问："刘木匠，你怎么知道事先预备好这些木楔子呢？"

刘木匠就把那老头儿的事告诉了大家，大家都相信，就是祖师爷鲁班帮助了刘木匠。而鲁班生活的年代，是我国的春秋战国时期，这比天坛的建造年代要

鲁班 （约公元前507年～约公元前444年），鲁国人，春秋末期著名工匠，被后世尊为我国工匠师祖。鲁班并非本名，其真实姓名众说纷纭，古籍记载有公输班、公输盘、公输般等。鲁班的发明有很多，鲁班的名字已经成为古代人民勤劳智慧的象征。

楹柱 我国古代大型建筑门前的两根柱子。大殿门前左右各一根立柱，威武而有气势。楹在我国古代是用以计算房屋的单位，一说一列为一楹，一说一间为一楹。把对联贴到楹柱上则称为"楹联"。

嘉靖皇帝（1507年~1567年），名厚熜，1521年至1566年在位。明宪宗庶孙，兴献王朱佑杬嫡子。1521年即位，改年号为"嘉靖"。世称明世宗，曾重建祈年殿。

■ 祈年殿外的石刻

早2000多年，鲁班自然不可能帮助修建祈年殿的。

那么，人们为什么会想到鲁班呢？因为他是我国工匠的开山鼻祖，他在机械、土木、手工工艺等方面都有所发明，并且代表了当时的最高技术水平。

鲁班帮助修建祈年殿的传说，正是后人看到祈年殿那华美的建筑、精湛的技艺、流美的线条，认为只有祖师爷鲁班才能建造出那么美的建筑，才有了这个神奇故事。

那么，北京天坛的祈年殿到底是一个什么样的建筑呢？

祈年殿建于1420年，当时取名大祀殿，是一座宽12间、深36间的黄瓦玉陛重檐垂脊的方形大殿。

大祀殿与其说是祭坛，不如说是一座宫殿，后来嘉靖帝下旨拆除，并于1545年在大祀殿原址上建成了三重顶的圆殿，取名为大享殿。殿顶覆盖上青、中

黄、下绿三色琉璃，寓意天、地、万物。

1751年，大享殿修缮后，改三色瓦为统一的蓝瓦金顶，定名"祈年殿"，是每年正月祈谷的专用建筑。

当时祈年殿内有28根金丝楠木大柱，里圈的4根寓意春、夏、秋、冬四季，中间一圈12根寓意12个月，最外一圈12根寓意12个时辰以及周天星宿。

1889年，祈年殿不幸被雷电击中而焚烧了。因楹柱为檀香木，故燃烧时香飘数里。

据传，当时北京古建筑材料中有著名的四宝，即祈年殿的沉香木楹柱，太庙前殿正中3间的沉香木梁柱，颐和园佛香阁内铁梨木通天柱，谐趣园中涵远堂内沉香木装修格扇。

后来所看到的祈年殿，是雷击之后重修的，其形状和结构都与原来的一样。

第二年，皇帝召集群臣商量重建祈年殿。因找不到图样，掌管国家建筑事务的工部便把曾经参加过祈年殿修缮事务的工匠们召集来，让他们根据记忆，口述制成图样，再施工建造。因此，后来的祈年殿是清代光绪年间的建筑，但是，基本建筑形式、结构，还保留着明代的样子。

■ 天坛祈年殿牌匾

谐趣园　在颐和园的东北角，它小巧玲珑，自成一局，故有"园中之园"之称。谐趣园这座小园是清朝乾隆时仿照无锡惠山脚下的寄畅园而建造的，原名惠山园。建成后，乾隆曾在诗序中说："一亭一径足谐奇趣"。嘉庆时重修改名"谐趣园"。

■ 祈年殿内景

鎏金 又称飞金、金错，是我国一种传统的手工艺技术，我国是世界上最早使用这一技术的国家。我国的鎏金技术文化，自战国以来即大放光彩，尤以两汉最为普遍，其制作方法是将金与银混合熔化后，涂上铜器表面，经温烤后固着，再打磨而成，华贵璀璨经久不褪。

重建的祈年殿是一座直径为32.72米的圆形建筑，鎏金宝顶蓝瓦三重檐攒尖顶，层层收进，总高38米。

祈年殿采用的是上殿下屋的构造形式。大殿建于高6米的白石雕栏环绕的三层汉白玉圆台上，即为祈谷坛，颇有拔地擎天之势，壮观恢宏。

祈年殿为砖木结构，三层重檐向上逐层收缩呈伞状。建筑独特，无大梁长檩及铁钉，28根楠木巨柱环绕排列，支撑着殿顶的重量。

祈年殿是按照"敬天礼神"的思想设计的，殿为圆形，象征天圆；瓦为蓝色，象征蓝天。殿内柱子的数目，据说也是按照天象建立起来的。

宝顶下的雷公柱则象征皇帝的"一统天下"。祈年殿的藻井是由两层斗拱及一层天花组成的，中间为金色龙凤浮雕，结构精巧，富丽华贵。

祈年殿的内部结构比较独特，不用大梁和长檩，仅用楠木柱和枋桷相互衔接支撑屋顶。殿内有楠木柱28根，数目排列切合天象：中央4根龙柱高19.2米、直径1.2米，象征四季，中圈12根金柱象征一年12个月，外层12根巨柱象征一天12个时辰，中层和外层相加象征二十四节气，三层柱总共28根象征二十八宿。

殿内地板的正中是一块圆形大理石，带有天然的龙凤花纹，与殿顶的蟠龙藻井和四周彩绘金描的龙凤和玺图案相互呼应，使整座殿堂显得十分富丽堂皇。

祈年殿这座大殿坐落在面积达5900多平方米的圆形汉白玉台基上，这就是祈谷坛。台基分3层，高6米，每层都有雕花的汉白玉栏杆，气势巍峨。这个台基与大殿是不可分的艺术整体。

从祈年殿的大门往南望去，只见那条笔直的甬道，往南伸去，一路上门廊重重，越远越小，极目无尽，有一种从天上下来的感觉。

祈年殿内，天花板处是精致的"九龙藻井"，龙井柱则是描金彩绘。

殿内中央有一块平面圆形大理石，石面上的花纹，是自然形成的龙凤花纹，一条行龙抱着一只凤凰，这便是"龙凤石"，即"龙凤呈祥"。

相传，这块石头上原来只有凤纹，而殿顶藻井内只有雕龙，天长日久，龙、凤有了灵感，金龙常常飞下来找凤石上的凤凰寻欢。

不料有一天正遇见嘉靖皇帝来祭天，在石上跪拜行礼，金龙来不及飞回去，和石上的

■ 天坛祈年殿藻井

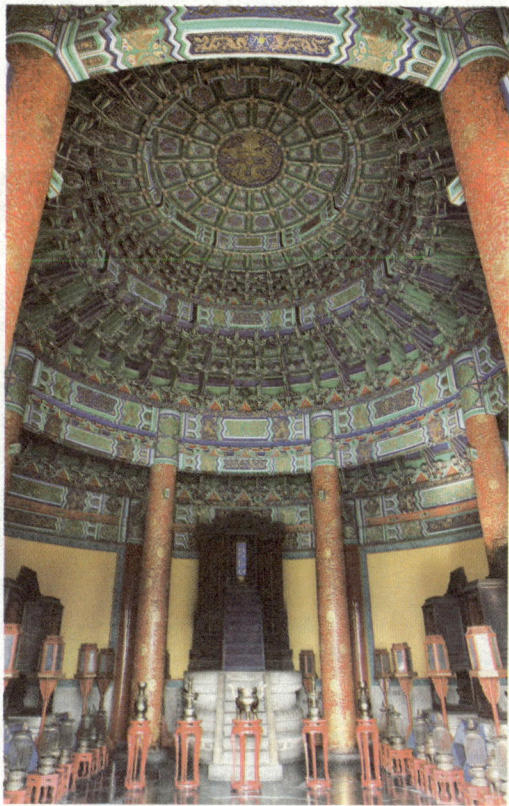

牌位 又称灵牌、灵位、神主、神位等，是指书写逝者姓名、称谓或书写神仙、佛道、祖师、帝王的名号、封号、庙号等内容，以供人们祭奠的木牌。牌位大小形制无定例，一般用木板制作，呈长方形，下设底座，便于立于桌案之上。古往今来，民间广泛使用牌位，用于祭奠已故亲人和神祇、佛道、祖师等活动。

凤凰一起被嘉靖皇帝压进圆石里面，再也无法出来，从此才变成一深一浅的龙凤石。

祈年殿原来在1889年被焚烧时，这块龙凤石被烈火熏烧了近一个昼夜，石块虽未被烧碎，但龙纹被烧成了浅黑色，凤纹已经被烧得模糊不清了。

祈年殿前有东、西配殿各9间，称东庑和西庑，是收藏配神牌位的库房。在原来明代祭天的时候，除祭祷皇天上帝之外，还要配祭皇族朱氏祖先，以及日、月五星，东、西、南、北、中的五大岳，五小岳的五镇，四海五湖、风云雷雨、山川、太岁、道教等各神祇和历代帝王等。

祈谷坛东南角设燔柴炉、瘗坎、燎炉和具服台。坛北有皇干殿，原先放置祖先神牌，后来牌位移至太庙。坛边还有祈年门、神库、神厨、宰牲亭、走牲路和长廊等附属建筑。长廊南面的广场上有七星石，是

■ 祈年殿内景

祈年门和祈年殿

嘉靖年间放置的镇石。

　　尽管祈年殿已历经沧桑，但它依然殿宇不斜，木架不朽，巍然屹立在华夏大地上，真可谓中华民族的骄傲，世界建筑史上的奇迹！

阅读链接

　　据说明朝嘉靖帝要在南城天坛重建祈年殿，就下旨招能工巧匠设计方案。最后，这些工匠们都认为自己的方案好，督办大臣也没有了主意，就亲自到天坛实地考察。

　　督办大臣围着旧殿转了几圈，也没看出什么。眼看就要到晌午了，就想吃饭去。刚一出门，他就看见一个卖蝈蝈的和一个醉汉在争吵，可能是醉汉压死了几只蝈蝈。

　　督办大臣觉得有趣就掏出两个大钱，说是替醉汉赔钱。卖蝈蝈的说：“大人，我也不让您吃亏，我给您编一个蝈蝈笼子吧！这是我家祖传手艺。”

　　当督办大臣拿到编好的蝈蝈笼子时，简直惊得目瞪口呆。原来这笼子结构精巧，玲珑剔透，很有气势。据说，后来工匠们就是参照蝈蝈笼子才建成了宏伟的祈年殿。

丹陛桥和鬼门关的故事

在北京天坛里，从圜丘坛到祈谷坛，有一条长360米的南北大道，它叫丹陛桥。它名字虽然叫桥，可是没有桥，更没有"桥翅儿"，这是为什么呢？

据说，祭坛修好了，永乐帝前来参观。只见坛的北面墙是圆的，

天坛丹陛桥

■ 天坛亭榭

南面墙是方的。北墙象征着"天圆"，南墙象征"地方"。这正合他的心意。

再看看坛内的大祀殿又高又大，直上云天，仿佛天上的宫阙一般，皇帝的心中也很满意。但皇帝转念一想，又觉得光有"北圆""南方"的天地墙，高耸入云的大祀殿，而没有一条通天的大路，还是不够气派啊！

于是，皇帝又吩咐工部大臣要在大祀殿以南，修一条天道，使皇上能够步步升入天庭。并且说："限你两个月修成，到时要是修不好，要治你的罪呀！"

工部大臣领了皇上的口谕，心里诚惶诚恐。他想不出修这种大路的法子，但皇上是金口玉言，不能不听。

于是，工部大臣就把北京的建筑工匠都抓到天坛来了。他先把皇上的旨意说了一遍，叫他们在一个月

宫阙 古时帝王所居住的宫殿。因宫门外有双阙，故称宫阙。我国宫殿是古代帝王所居的大型建筑组群，是古代最重要的建筑类型。在我国长期的封建社会中，以皇权为中心的中央集权制得到充分发展，宫殿是封建思想意识最集中的体现，在很多方面代表了我国传统建筑艺术的最高水平。

■ 天坛宫门

御道 专供皇帝走的路，多指我国古代大型建筑物前面或举行某种活动时专供皇帝走的路。《故宫博物院》记载，每逢大典，殿外的白石台基上下跪满文武百官，中间御道两边排列着仪仗，皇帝端坐在宝座上。

内将路修好，否则一律杀头。这可把工匠们难住了，这样的路谁都没见过，更别说从何修起了。

就在这个时候，从人堆里面冒出来一个瘦老头儿，他不慌不忙地走到工部大臣面前，从容不迫地说："这路我可以按期修好，但我有一个条件：凡是跟我干活的，都得给双倍的工钱。"

这位大臣当然满口答应了。他想，这个活有人干就不错了，我还怕找不到人来做呢，钱还是问题吗，国库里有的是银子。

这瘦老头儿就是当时最有名的瓦匠师傅，他受过名师指点，不光瓦匠活样样精通，还是一个天才的设计师，经他手盖起的宫殿楼阁，那是不计其数。北京城的工匠师傅们没有一个不敬重他的。

他刚一到这儿，就把周围的地形看在眼里，记在心中，很快就形成了一个修路的方案。工匠们见是老瓦匠师傅领了头，心里也就踏实下来了。于是，从第二天开始，大伙就在老瓦匠的指导下，动手修这通天路了。

俗话说，人多力量大。人们凿石的凿石，砌砖的砌砖，不到一个月的工夫，路就修成了。这条大路路面宽阔，中为"神道"，左为"御道"，右为"王道"，玉帝走"神道"，皇帝走"御道"，王公大臣走"王道"。整个大路由南向北逐渐升高。这样设计，不就象征着皇帝步步升高，直达天庭了吗？

就这样，老师傅用自己的智慧修好了这条通天大路，救了大臣和工人们的性命。

通天路是有了，可它为什么又叫"桥"呢？这还有一个"鬼门关"的传说呢！

当年天坛里面饲养祭祀牲畜的地方叫牺牲所，屠宰祭祀牲畜的地方叫宰牲亭，这两组建筑，一个在天坛的西南角，一个在东北角。要把牺牲所的牲畜赶到宰牲亭去宰杀，就必须横穿通天路。

但当时皇帝有一个规定，除了天上的飞鸟，任何地下的走兽，都不准从大路上通过，怕的是弄脏了神路，玉帝降下罪来。

为此，人们就在大路下面开了一条东西隧洞，它

鬼门关 我国神话传说中阴曹地府的一个关隘。我国民间相传农历七月是"鬼月"、七月十五是"鬼节"。其实在现实中鬼门关是存在的，它位于现在的广西北流县西，介于北流、玉林两县之间。这里双峰对峙，中成关门，其间不过30步，瘴气滋生，蚊虫鼠蚁繁多，鸦雀悲鸣，甚是可怕，故称"鬼门关"。

■ 天坛内的神厨

券洞 简称拱或券，又称拱券或法券，我国古代的一种建筑结构。它除了竖向荷重时具有良好的承重特性外，还起着装饰美化的作用。其外形为圆弧状，由于各种建筑类型的不同，拱券的形式略有变化。早在西汉时期，我国就应用了券洞技术。

与上面的大路形成交叉，故称"桥"。因为这个隧洞是专门赶运牲畜的过道，所以又叫"进牲门"。从进牲门过去的牲畜，不出半天时间，就全部死于血泊之中，没有一个能够生还的。因此，人们又把它叫作"鬼门关"。

其实，丹陛桥又叫海墁大道，是一条贯通南北、串联中轴线上建筑的宽广甬路，它由白石筑成。丹陛桥北连祈谷坛，南接圜丘坛，长360米，宽29米，南低北高。

大道下有一东西走向的券洞，叫"进牲门"，每次祭祀，都用黄绒线将"牲"捆好，用木盆盛活鱼，击鼓奏乐穿门而过，因此这个洞也叫"鬼门关"。

阅读链接

据说"鬼门关"里面黑乎乎的，没人敢从这里穿过。人们纷纷传言天坛"鬼门关"里闹妖精，经常有牛妖羊鬼出来作祟。

那么，谁来降妖除怪呢？这还有一个故事呢。据说在王母娘娘生日的这一天，四面八方的神仙都赶到天宫瑶池来祝寿。王母娘在瑶池摆下了蟠桃盛会，还有许多仙女跳舞助兴。

这天江西龙虎山的张天师也来祝寿，他和神仙们一起喝着美酒，吃着鲜桃，欣赏着仙女们的翩翩舞姿。一时兴起，不小心将手中的玉杯掉在地上，打了个粉碎，大煞风景。

玉帝大怒，要将张天师推到法场剔骨斩头，幸亏太上老君求情他才躲过一劫。

玉帝便说："我把你再次贬到下界，让你到天坛'鬼门关'做个镇守，你要安心在那里降妖除魔，将功补罪。"

张天师谢过恩之后，便带上降妖宝剑，下界到天坛除妖来了。他在"鬼门关"前尽职尽责，守护着一方平安。

天坛天心石的神奇传说

　　天坛圜丘的中央，有一块天心石，它就像一个大圆盘。如果有人站在上面跺一下脚，四面都有回声呢！这是为什么呢？

　　传说从前有一个皇帝，好摆威风，文武百官整天围着他转，他还

圜丘天心石

传奇的祭坛

■ 天坛古树

嫌不满意。有一天，他对军师说："我是奉天承运的天子，走到哪里，都应该是'一呼百应'和'天下震动'，你看怎么才能找到这种感觉呢？"

军师说："这得顺应'天心'才行。臣以为，找一块天心石，搭上丘台，陛下站在上面，就能'一呼百应'和'天下震动'了。"

皇帝说："好，这个办法不错。"说完，他立刻传旨，派人到各地去寻找天心石。

领旨的官员跑遍了全国各地，也没听说过什么天心石，实在没有办法了，就只好返回京城。

有一天，他经过五台山，遇见了一个正在雕石龟的老石匠，他走上前去，一看这个石龟青里带蓝，还有云层飞绕，就躬身问道："老师傅，这究竟是什么石头啊？"

老石匠说:"是天星石。"

官员一听,以为是天心石,赶忙问道:"它的产地在哪里呀?"

老石匠说:"在五台山。"

官员想,只要有地方就好办了。他又问道:"你在雕什么呀?"

"我在雕石龟。"

"给谁雕呀?"

"皇差!"

官员听到"皇差"这两个字,满心欢喜,他对老石匠说:"你不用雕石龟了,现在皇上要的是天心石,你跟我走吧!"

老石匠看了看他,说:"那……石龟呢?"

"这你就不用管了,一齐带上,跟我进京吧!"说完,他硬拉着老石匠就走了。

五台山 位于山西省东北部,我国佛教四大名山之一,由东西南北中五大高峰组成,据说代表着文殊菩萨的5种智慧。五台山是我国唯一的汉传佛教和藏传佛教交相辉映的佛教道场,汉蒙藏等民族在此和谐共处。在佛教文化等宗教文化的影响下,寺庙林立,景点遍布整个景区。

■ 天坛建筑

传奇的祭坛

天坛圜丘坛

九州 传说中的我国上古地理区划。我国古代的人们将全国划分为9个区域，即所谓的"九州"。根据《尚书》记载，九州分别是徐州、冀州、兖州、青州、扬州、荆州、梁州、雍州和豫州。相传大禹治水时，把天下分为九州，于是九州就成了古代中国的代名词。

刚到北京，官员就禀报军师，说："天心石找到了。"军师一看，非常高兴，可抬头一看，竟是个石龟，脸色立即沉了下来，大声斥道："亏你还是个禀报官员！这是天心石吗？我要找的是天心石，而不是石龟。"

官员说："这就是天心石，一个老石匠说的。"

军师说："老石匠在哪儿？"

老石匠来了，军师问道："这到底是什么东西？"

老石匠回答说："回禀军师，这是我们五台山的天星石，石龟也是我雕的。"

军师也以为这就是天心石，马上就派人去五台山采石了。

为了尽快完成皇帝交给的任务，官员们就让工人们动手修建圜丘了。圜丘的图样很特别，它是个圆圆的大丘台，是用九圈石头砌成的一个圆坛。

第一圈9块石头，第二圈18块石头，第三圈是27块……一直至第九圈81块。为什么要用"九"这个数呢？这个九就象征着天下的九州，有天下九州尽揽怀中的意思。

圜丘的中心就是一块天心石，它位于"九州"的中心。换句话来说，这里既是天心，又是地心，象征着皇家的威风。

圜丘修好了，军师来验工了。他站在天心石上，举目一望，果真有居天下之中心的感觉，心想，这可算是顺应天心了。可是这地方是否能"一呼百应"呢？他想试试，于是使足了力气，高喊一声，可是等了好久，却没有回声。

这下他可急了："这天心石怎么会没有回声呢？这让我怎么向皇上交代呀？"

老石匠说："要回声不难，在圜丘四周修上几层矮墙，回声就出来了。"

于是，军师就下令修建矮墙。圜丘分三级，矮墙也分三级。在这之外，还有一个"南圆北方"的围墙，取"天南地北、天圆地方"的意思。

修完以后，军师再一试，果然回声四起。就这样，圜丘天心石就成了"一呼百应，天下震动"的一个奇迹了。

那么，天星石怎么就成了天心石了呢？其实，天下本没有天心石，只是老石匠懂得其中的奥秘罢了。直至后来，人们在游览天心石时，还要跺一下脚，听听那震荡的回声哩！

阅读链接

天坛圜丘中心的一块圆形石板就是天心石。关于天心石名称的来历还有这么一个说法。说是当人们站在圜丘中心的石板上喊话时，就会听到仿佛从地层深处传来的响亮而又深沉的回响，这声音仿佛来自地心，又仿佛来自天空，人们就为它取了一个充满神秘色彩的名字，那就是天心石。

另一说法是，天石是古代人对于陨石的一种称呼。古人见陨石由天而降，便称呼为天石。天石的种类很多，经常被用来作雕刻，其中最名贵的一种叫天心石。

历史悠久的祭祀文化

　　我国从远古时期，就开始讲究礼仪，儒家成为正统思想后，礼仪更是无所不在。与人们日常生活中的礼仪不同，天坛的祭天就显得更为神圣，就连贵为天子的皇上也要跪拜。

天坛祭祀场景

我国古代祭祀天地的历史非常悠久，日积月累就逐渐形成了一套程序复杂、规模宏大的仪式了。在举行仪式时，不仅对物品、衣着、器皿有许多讲究，还要有专门的音乐演奏。这些仪式的存在，使天坛的祭祀活动逐渐演变成了天坛文化的一部分，不断为后人所称道。

我国古代的祭祀到了明清时期，都城的大型祭祀活动每年有3次，都是当时的皇帝亲自主持，并且在天坛举行。

天坛并非仅仅用来祭天，它还兼有祈谷和祈雨的功能。每年春节这一天，皇帝都要在天坛的祈年殿举行祈谷礼，祷求上天保佑天下太平和五谷丰登。

每年的农历四月初四，在天坛的圜丘坛都要举行雩礼，为百谷祈求降雨。

雩礼　古人求雨时举行的祭祀。如果天气大旱，就行大雩之礼。清代时，每年孟夏择日行雩礼于圜丘。如行雩礼后不下雨，皇帝要遣官分祷于天神、地祇及太岁。如越七日仍无雨，祭告社稷坛。如七日后仍不下雨，乃复告天神、地祇及太岁。三复不雨，乃行大雩礼。

天坛具服台

每年冬至这一天，皇帝要来圜丘坛举行告祀礼，禀告上天五谷业已丰登了。此次主要是祭祀皇天，并配祭皇帝列祖列宗及日、月、星辰、云、雨、风、雷等，这就是祭天大礼。

祭天是随着先民对天的不断认识而逐渐发展和完善的，而我国古代对天的信仰从周朝时就已经固定了下来。

历代皇帝都认为自己是天之子，是受命于天，天能主宰世间一切，天是人间帝王的君父，帝王顺理成章成为天子。古代人认为：

> 天子者，与天地参，故德配天地，兼利万物，与日月并明，明照四海而不遗微小。

祭天理所当然地就成了天子的一项主要活动。祭天的种类也有多种，古代主要有三种情况：一

封禅 我国古代一种表示帝王受命于天的典礼。它起源于我国春秋战国时期。古代的人们认为泰山是世界上最高的山，人间的帝王应到这座山上去祭天帝。于是人们就把祭泰山的望祭扩大为整个国家的望祭，并定名为"封禅"。封是祭天，禅是祭地。

是季节性常祀，分为孟春祈谷，孟夏大雩，季秋大享明堂；二是皇帝于冬至在圜丘举行的南郊大礼；三是最隆重的祭天礼，即在泰山举行的封禅大典。

祭天被列为当时朝廷的重大典礼之一，周朝时已成为了制度，并有了一套颇为复杂的仪式。祭天大礼在每一朝都城的南郊圜丘举行，这一仪式始于汉代。

到了西汉成帝时，在长安南郊设立了圜丘，并按古代礼仪进行了隆重祭典。这套仪礼制度曾有反复，直至西汉末年才最终确定了下来，并明确了天的至上地位。而曾经受人尊崇的五帝，即青帝、赤帝、黄帝、白帝、黑帝，则变成了天的属神。

从此以后，历代统治者沿袭此制，均在南郊建立圜丘祭天，直至清末。历代帝王在南郊设立的圜丘都称作天坛，它渐渐成为了一个王朝政权合法的标志。

我国历史上的每一代帝王都极为重视天坛的兴建，祭天成为了当时国家政治生活中必备的仪式大

■ 天坛神乐署

重五 就是端午节，为每年农历五月初五，又称端阳节、午日节、五月节等。端午节是我国古代人民纪念爱国诗人屈原的传统节日，在端午节，人们有吃粽子，赛龙舟，挂菖蒲、蒿草、艾叶，薰苍术、白芷，喝雄黄酒的习俗。时至今日，端午节仍是我国一个十分重要的传统节日。

典，成为了王朝政治生活中的一个重大程式。

天坛祭天这一程式，不但被汉族帝王所传承，就是少数民族建立的政权，也都沿袭不改。金人在重五、中元、重九这几天，也要举行颇具草原民族豪情的"拜天射柳"仪式，而一旦掌握朝政，便立即放弃旧俗，改为建坛拜天。

祭天通常在露天举行，人们供奉的祭品只有上天才能接受。圜丘坛建立于旷野，直面蓝天，正体现了古人的这一思想。

祭品在仪式中必不可少，因为它代表了人们的虔敬，而牺牲主要有牛羊猪等，是供奉上天的实物，当然要经过严格的挑选。

就牛而言，在祭祀仪式之前要进行挑选，首先要是公牛，皮毛纯净，选好后要精心喂养。祭祀用的牛不能有丝毫损伤，倘若有任何一点纰漏，都要随时更

■ 天坛燎炉

■ 天坛祭天殿

换，因为祭品必须是完美无缺的。

历代帝王祭天都遵循周朝礼制，虽然时有增减，但大体变化不大。明代在天坛祭天由此可见一斑，天子在祭天之前要斋戒沐浴，以示对天的虔敬，此为祭礼的前奏。

斋戒分为散斋4天，致斋3天。在此期间，皇帝不能吃荤，不能喝酒，不食葱蒜，不听音乐，不吊丧，不理刑事等，并且要在天坛的斋宫内进行。

历代皇帝都很重视祭天之礼，乾隆帝在位60年中，亲自到圜丘行礼59次，亲自到祈谷坛行礼58次。他中年时常从紫禁城步行至天坛举行祭典，60岁以后精力减退，曾命大学士、礼部酌减礼仪，但告诫臣子"敬天报本，不可疏略"。

重视归重视，但对于过惯了舒适生活的皇帝来说，祭祀时的斋戒实在是苦行僧的日子，因此他们想

重九 就是重阳节，为每年的农历九月初九。《易经》中把九定为阳数，九月初九，两九相重，故而叫重阳，也叫重九。重阳节早在我国战国时期就已经形成，到了唐代，重阳被正式定为民间的节日，沿袭至今。重阳节这天所有亲人朋友都要一起登高"避灾"，插茱萸、赏菊花。

■ 天坛祭天仪仗

传奇的祭坛

《周礼》 我国古代关于政治经济制度的一部著作，儒家经典之一。它包括天官、地官、春官、夏官、秋官、冬官等6篇，故本名《周官》。《周礼》所涉内容极为丰富，大至天下九州，天文历象，小至沟洫道路，草木虫鱼，凡邦国建制，政法文教，无所不包，堪称为"上古文化史之宝库"。

尽办法简化。清代雍正帝就在仪式举行之前才到天坛的斋宫致外斋，这只不过做做样子，走走过场而已，斋宫也形同虚设。

虽然在《周礼》《诗经》等古代典籍中已有对祭天活动的记载，但纵观我国历朝历代，清朝在祭服、流程上的条文规章，多过之前的历朝历代。也可以说，清朝是我国历代王朝中祭天礼仪最复杂和最完备的时期。

明清时祭祀的礼节日益繁复，到了清代乾隆时期，各种礼仪制度日臻完善，祭祀的大典礼仪与程序规模越来越宏大，场面也更加隆重。祈谷典礼的主要目的是祈祷农业丰收，每年的典礼都在天坛的祈年殿举行。

祭祀前一天，皇帝要到皇乾殿上香行礼，用龙亭将"皇天上帝"牌位及皇帝祖先牌位，恭请到祈年殿内。然后，再到神厨、神库视察祭祀物品的准备情况，巡视完毕后，返回斋宫戒斋。

祭典当天的日出前七刻，天坛的斋宫鸣钟，皇帝出斋宫至具服台更换祭服，经祈年门进祈年殿，立于龙凤石南侧拜位。而王公大臣的陪祭拜位设于殿门外，文武百官的拜位设在坛台之下。

此时，皇帝向"皇天上帝"牌位，行三跪九拜礼，百官随之叩拜。

祈谷典礼的祭祀有九项仪程。

第一项仪程为燔柴迎帝神，赞引官唱赞《燔柴迎帝神》。燎工将一整只牛犊置于燔柴炉口，将敬献上帝的牺牲毛血掩埋在瘗坎里。

此时，乐官高唱《乐奏始平之章》，由73人组成的中和韶乐乐队开始奏乐，钟鼓齐鸣，气势非凡。皇

皇乾殿 皇乾殿又叫祈谷坛寝宫，位于北京天坛祈谷坛下、祈年殿北，为一座五间殿宇。这是一座庑殿式大殿，覆盖蓝色的琉璃瓦，下面有汉白玉石栏杆的台基座。它是专为平时供奉"皇天上帝"和皇帝列祖列宗神位的殿宇。神位均供奉在形状像屋宇的神龛里，每逢农历初一、十五，管理祀祭的衙署定时派官员扫尘、上香。

■ 天坛祭祀牌位

帝到上帝位前，一上描金龙沉炷香，二上捧瓣香，然后依次到列祖列宗神位前行礼。

第二项仪程为奠献玉帛。皇帝将圆形苍璧敬献给皇天上帝，这是祭祀礼仪的重要标志之一。然后，将祭祀用的玉帛敬献给皇天上帝，再依次将祭祀先人用的玉帛敬献给列祖列宗。

第三项仪程为进俎。由执事人员将犊牛放入俎内陈放在神位前，由浇汤官将滚烫的汤水浇到犊牛身上，一时间淑气四溢，以馨享皇天上帝、祖宗。

第四项仪程为初献敬酒。司爵官将醴酒奉给皇帝，皇帝将酒献于皇天上帝，第一献放置于神位前中间的位置上。与此同时，舞生起舞，先舞武功舞。皇帝献给上帝的酒陈放在供案后，乐舞停止。接着，读祝官朗读祝文，祈谷祝文大致内容是：

■北京天坛棂星门

某年月日嗣天子某谨告皇天上帝，我承上帝之命统有万方，人民希望生活安定。

现已到奏，春耕开始，我诚恳地准备迎接上帝降给的幸福。

谨率领百官用玉帛、犊牛、粟、枣、米谷、俎肉、蔬菜等物恭祭。

请祈风调雨顺，谷物丰收，三农仰赖。并请我祖先来奉陪。

请神接受敬意。

读祝官朗读祝文后，乐奏舞起，皇帝依次为列祖列宗敬酒。

第五项仪程为平静献。皇帝将第二爵醴酒献给皇天上帝，然后依次献给祖先。献酒时，64名文舞生手执羽龠，跳起文德舞。

第六项仪程为终献敬酒。

第七项仪程为撤馔。执事人员将馔盘内供品从坛上撤下，依次送往燔柴炉及燎炉准备焚烧。

第八项仪程为送神。

第九项仪程为望燎。皇帝到望燎位观看焚烧过程。所有献给上帝及列祖列宗的供品，分别送入燔柴炉及燎炉内焚烧，以示虔诚。

传奇的祭坛

■ 天坛祭祀大典

圭 我国古代在祭祀、宴飨、丧葬以及征伐等活动中使用的器具，其使用的规格有严格的等级限制，用以表明使用者的地位、身份、权力。

赞礼 我国古代官名，指赞礼郎。明清太常寺都设有赞礼郎，掌管祀典赞导之事。清代孔尚任在《桃花扇·先声》中说："老夫原是南京太常寺一个赞礼。"

祭天典礼经过了一个演变过程，从明时到清初，演变为圜丘祭天、孟春祈谷，皇帝均从天坛西外坛门进入，至清乾隆十六年（1751年），又新开了一处外坛门。从此，这两门有了分工，即皇帝祈谷仍走原来北边的门，而冬至祭天则要走新开的南门。

祭天时，在天坛圜丘上层北面设圆形蓝缎幄帐，只供皇天上帝神位。两侧设长方形幄帐，供皇帝列祖列宗牌位，其余日、月、星辰、雷、雨、云各从位设帐于中层两侧供奉。每年冬至那天的日出前，皇帝都来此致祭。

皇帝到圜丘祭天，需先在坛东南的幕次内更换祭服，还要脱去鞋子，然后才能登坛行礼。其他如导驾、赞礼、读祝、陪祀、分献等官员，也都一律脱鞋后，方可登坛供事。

至于坛下的协律郎、乐舞生们，虽不能登坛，但也都是要脱鞋后就位执事。祭祀终了，再重新把鞋穿好。这一制度，从洪武八年（1375年）起实行至嘉靖十七年（1538年），即明代重又恢复"天地分祀"之后，才取消。

明代皇帝到圜丘祭天，要手执一种上尖下方的称为圭的玉质礼器。

天子在祭祀前两天，要去查看祭祀所用的牺牲和器皿。祭祀前一天，有关部门把祭祀用的一切物品都要陈设停当。

神位正中为皇天上帝，两侧配享祖先以及日、月、星、辰、风、雨、雷、电诸神，神位前摆放登、笾、豆、簠、尊、爵等礼器，分别盛有各种祭食。

祭天仪式从冬至日拂晓开始，因为冬至这天夜里阳气开始逐渐增强，而阳气能促使万物滋生繁衍。由于仪式在拂晓举行，所以天坛圜丘坛内墙外面西南方

洪武 我国明代第一个年号，时间为1368年至1398年，当时在位皇帝为明朝开国皇帝朱元璋。明朝洪武年间，实行了较开明的经济政策，鼓励生产发展，在一定程度上提高了低层民众的地位。但政治较为严苛，除设立特务机构锦衣卫外，还强化了科举制和对官员的控制。

■ 天坛一角

向有灯杆，上面悬挂有大灯笼，当时叫作天灯，照得坛内通明。

　　皇帝从斋宫坐车来到事先搭好的大帷幕内更换衮冕，然后就位。整个仪式在赞礼官的指挥下进行。祭天大典分为迎神、奠玉帛、进俎、行初献礼、行亚献礼、行终献礼、撤馔、送神、望燎九项程序，直至祭品焚完才算结束。

　　祭祀过程中，皇帝要率领文武百官不断跪拜行礼。赞礼官高声唱和，人们随之做相应的动作。在赞礼官的唱和下，《中和之曲》奏响，然后郊社令把燎坛上的柴草点燃，焚烧牺牲，随着烟雾飘飘而起，祭品也就意味着送到了上天那里。

　　皇帝行完拜礼后，走到盥洗位把手里的圭插在腰间，先净手，拿出圭，走上祭坛。《肃和之曲》随之奏响，皇帝跪在皇天上帝的神位前，再搢圭，三上香，奠太帛，出圭，行再拜礼，回到原位。开始奏《凝和之曲》，皇帝到神位前搢圭，奠俎，出圭，回到原位。

　　接着行初献礼，皇帝走到爵先位，搢圭，洗爵，擦爵，交给执事者，出圭。又走到酒奠所，搢圭，执爵承酒，交给执事者，出圭。

传奇的祭坛

■ 天坛围栏

当《寿和之曲》响起，随之跳武功舞，皇帝在神位前下跪，搢圭，上香，祭酒，奠爵，出圭。读祝官读完祝文后，皇帝俯身下拜，起身，再拜，然后回到原位。

亚献礼在《豫和之曲》与文德舞中进行，行终献礼时奏《熙和之曲》。亚献礼和终献礼与初献礼仪式相同，但不读祝文。

在赞礼官"饮福受胙"的唱和声中，皇帝再次走上祭坛，在饮福位行再拜礼，下跪，搢圭，接过爵，祭酒，饮福酒，把爵放在坫上。然后从奉胙官手中接过胙，交给执事者，出圭，下拜，起身，再拜，回到原位。

随之《雍和之曲》响起，掌祭官撤馔，在《安和之曲》中送神，皇帝行再拜礼走到望燎位，在《时和之曲》声中看着焚燎祝版丝帛。

至此礼毕，皇帝回到大帷幕中，脱去衮冕，全部祭天仪式才宣告结束。

天坛祭天的音乐主要是《中和韶乐》，它是一种集礼、乐、歌、舞为一体的皇家祭祀音乐。中和来自儒家伦理道德观念，儒家认为，人的修养能达到中和境界，就会产生"万物位焉、万物育焉"的神秘效果。

■ 天坛内的雕刻

衮冕 即衮衣和冕，是我国古代皇帝及上公的礼服和礼冠，是皇帝等王公贵族在祭祀天地、宗庙时穿的正式服装。《周礼》中就有关于衮冕的记载，至明洪武十六年（1383年）始定衮冕制度。明代衮冕是历代以来唯一在文献、图样、绘画和出土实物几个方面都有详细资料的皇帝大礼服。

韶乐即美好的音乐。相传舜制的音乐为韶。中和韶乐即最美好的音乐，用于祭祀和大朝会、大宴飨。

顺治元年（1644年）议定，祭天地、太庙、社稷，都要用中和韶乐，亦称宫廷雅乐，它包括祭祀乐、朝会乐和宴会乐。朝会乐、宴会乐只有奏乐而无演唱和舞蹈。祭祀乐就包括了演奏、演唱和舞蹈。

根据《钦定大清通礼》和《钦定大清会典》记载，《中和韶乐》包括祭祀乐曲七段：《肇平之章》《兴平之章》《崇平之章》《恬平之章》《淳平之章》《臣平之章》和《和佑之章》。

天坛祭祀时用的中和韶乐，还包括文德舞和武功舞。用文德舞时，舞生执雉羽和古管乐器籥，动作文质彬彬，雍容有仪，却又活泼矫健，富有激情。

舞武功舞时，舞生手执干、戚。传说炎帝时，刑天为表现两军厮杀时激烈的场景，高扬本部将士浴血

■ 天坛燔柴炉

■ 祭天乐舞

北京天坛

奋战的斗志，做干戚舞。后人们把"刑天舞干戚"看作是一种不屈不挠的斗争精神的象征。

文舞和武舞相互陪衬、相互制约，进而取得武而不野、文而不弱的中和效果。在天坛祭天时，初献用武舞，亚献、终献用文舞，以体现祭祀礼仪的庄重。

在历史上，天坛的祭天乐舞也曾经发生了不少次变化。在明朝时，当时的嘉靖等多位皇帝普遍崇信道教，祭天乐舞生也由道士担任。

到了清朝，由道士担任舞生的习惯开始发生了变化。乾隆七年（1742年），皇帝明确下诏严禁神乐观乐官习道教，不愿从业的人削籍为民。诏书下达后，神乐观中的道士尽遭驱逐。

从此，神乐观没有了道士，旋即被更名为神乐所，相应的职官即由知观改为知所，祭祀乐舞生也改而选用年少俊秀的八旗子弟充任，由朝廷派协律郎对

诏书 皇帝布告天下臣民的文书。在周代，君臣上下都可以用诏字。秦王政统一六国，建立君主制的国家后，号称皇帝，并改命为制，令为诏，从此诏书便成为皇帝布告臣民的专用文书。汉代承秦制，唐宋时期废止不用，元代又恢复使用。

祭天乐舞生进行培训。

乾隆十九年（1754年），神乐所又改神乐署。鼎盛时期，署内有乐舞生3000多人。

祭天大典非常神圣，非常隆重，可谓朝野关注，这就要求祭祀过程不能出一点差错。因此，祭祀活动的每一个细节都有明确的规定。

每当祭日来临之前，必须进行大量的准备工作，不管耗费多少人力物力，亦在所不惜。常规的准备包括对天坛内各种建筑及其设施，进行全面的大修葺，修整从紫禁城至天坛皇帝祭天经过的各条街道等。

大典的前5日，要派亲王专门到牺牲所，察看为祭天时屠宰而准备的牲畜。大典前3日，皇帝开始斋戒。前两日，书写好祝版上的祝文。

■ 专门用于祭天的圜丘坛

大典前一日宰好牲畜，制作好祭品，整理神库祭器；皇帝阅祝版，到皇穹宇上香，到圜丘坛看神位，去神库视笾豆，到神厨视牲，然后回到斋宫斋戒。

大典前夜，由太常寺卿率部下，安排好神牌位、供器、祭品，乐部就绪乐队陈设，最后由礼部侍郎进行全面检查。

天坛的圜丘坛专门用于祭天，台上不建房屋，对空而祭，称为露祭。祭天陈设讲究，祭品丰富，规矩严明。

在圜丘坛共设7组神位，每组神位都用天青缎子搭成临时的神幄。上层圆心石北侧正面设主位皇天上帝神牌位，其神幄呈多边圆锥形。

■ 天坛古香炉

圜丘坛的第二层坛面的东西两侧为从位日月星辰和云雨风雷牌位，神幄为长方形；神位前摆列着玉、帛以及整牛、整羊、整猪和酒、果、菜肴等大量供品。单是盛放祭品的器皿和所用的各种礼器，就达700多件。

上层圆心石南侧设祝案，皇帝的拜位设于上、中两层平台的正南方。圜丘坛正南台阶下东西两侧，陈设着编磬、编钟、镈钟等16种、60多件乐器组成的中和韶乐，排列整齐，肃穆壮观。

时辰一到，斋宫鸣太和钟，皇帝起驾至圜丘坛，

八旗子弟 清代满族的军队组织和户口编制制度，以旗为号，分正黄、正白、正红、正蓝、镶黄、镶白、镶红、镶蓝八旗。后又增建蒙古八旗和汉军八旗。八旗人的后代称八旗子弟，后多借指倚仗祖上有功于国而自己游手好闲的纨绔子弟。

钟声止，鼓乐声起，大典正式开始。

此时，圜丘坛东南燔牛犊，西南悬天灯，烟云缥缈，烛影摇红，给人以一种非常神秘的感觉。

祭天大典，是封建皇帝展现"君权神授"思想，显示"天子"神圣权威的一种方式。为了达到其宣扬神权以维护皇权的目的，举行大典时要求所有从事人员不得有任何差错，否则要予严惩。

在《大清律》中明文规定：每逢祭祀，于陈祭器之后，即令御史会同太常寺官遍行巡查，凡陪祀执事各官，如有在坛庙内涕唾、咳嗽、谈笑、喧哗者，无论宗室、觉罗、大臣、官员，即指名题参。因此，凡随祭人员无一不是诚惶诚恐，胆战心惊的。

阅读链接

据说，历史上曾经发生过多次官员因祭天被罚的事。乾隆四十七年（1782年）四月初六，乾隆到天坛圜丘坛，举行常雩礼求甘雨。

在此次仪式上，乾隆对雩坛祝版上的文字写得不够工整而不满，对具服台更衣幄次所设的坐褥不够整齐而不满，对按规定应悬挂3盏天灯而少悬了一盏而不满。对此3件小事，乾隆大发雷霆，下令查办。

结果，当时的工部尚书罗源汉、右侍郎诺穆亲、礼部尚书德保、侍郎德明等人，均被革职。尤其工部侍郎徐绩受处分最重，革职后被发配新疆。同时，许多有关官员也被"查明革职，发往伊犁效力赎罪"。

一次祭祀大典，就有多位高级官员获罪，几十名相关人员被革职，可见当时祭祀大典的戒律是何等的严厉。

北京地坛

地坛又称方泽坛，坐落于北京安定门外东侧，与天坛遥相对应，与雍和宫、孔庙、国子监隔河相望。地坛是明清两朝祭祀"皇地祇神"的场所，也是我国历史上连续祭祀时间最长的一座地坛。明清两代先后有15位皇帝在此祭地长达381年。

地坛始建于1530年，为北京五坛中的第二大坛，当时称作方泽坛，1534年改名为地坛。地坛内庄严肃穆、古朴幽雅，是我国最大的祭地之坛。

更定祀典与地坛的由来

      祭地文化起源于"万物有灵"的原始思维以及由此产生的自然崇拜。以后被统治者接受并加以改造，融合了儒家"敬天法祖"的思想，形成在特定时间和特定地点祭祀特定神祇的官方祀典，并为历代政权所

地坛正门

■ 地坛内的亭榭

遵从，成为帝制时代最重要的典章制度。

最初的祭祀活动在树林空地中的天然土丘上进行，后来发展为夯土筑台。台是最早出现的建筑形式，受当时技术水平所限，只能凭借夯土作建筑手段。

汉代以后，台出现两种变体，一是祭祀自然神的专用建筑物，叫作祭坛；二是建筑物的基础部分，叫作台基。

远古的祭祀活动无确切记载。《周礼》中"夏至日祭地祇于泽中方丘"成为历代地坛规制和祀典的理论基础。

汉武帝时，在汾河汇入黄河处建后土祠。西汉末年又按阴阳方位在都城长安南郊和北郊分建祭祀天地之坛。

自此祭地之坛成为都城必不可少的建筑项目，由于历代对儒家经典解释不同，有时将天和地合在一起

神祇 神指天神，祇指地神，"神祇"泛指神。神祇是宗教观念之一，超自然体中的最高者。一般认为它不具物质躯体，但有其躯体形象；不受自然规律限制，反之却高于自然规律，主宰物质世界。几乎所有的人类社会中，多少都存有这种观念，但又因文化的不同，人们对神的认知又千变万化。

传奇的祭坛

■ 地坛内的拱门

朱允炆 就是明惠帝，明太祖朱元璋的嫡次孙，明朝的第二个皇帝。他因削藩，导致叔父燕王朱棣发动"靖难之役"，从此不知所终。他在位期间开始对明朝进行改革，史称"建文新政"。

太庙 我国古代皇帝的宗庙。太庙在夏朝时称为"世室"，殷商时称为"重屋"，周称为"明堂"，秦汉时起称为"太庙"。最早的太庙只是供奉皇帝先祖的地方。后来皇后和功臣的神位也可以被供奉在太庙。

祭祀，有时分开祭祀。

1153年建中都城，在通玄门外，就是后来的复兴门外会成门东建北郊方丘，是北京最早的祭地之坛。

现存北京地坛的起源可以追溯到明初。明朝开国皇帝朱元璋建圜丘于钟山之阳、方丘于钟山之阴，实行天地分祀。有一年祭祀前斋戒时遇到下雨，朱元璋感觉敬天地如敬父母，没有分开祭祀之理，于是改为合祀。

朱元璋死后，皇太孙朱允炆继位，年号建文。鉴于北方诸藩王拥兵自重危及朝廷，建文帝决定削藩。

镇守北平的燕王朱棣起兵反抗，发动"靖难之役"，攻入南京，夺取皇位，年号永乐。朱棣就是明成祖，他夺取皇位后改北平为北京，迁都北京。这是明代的重要事件，史称"永乐迁都"。

明成祖营建北京城时，以南京为蓝本，在京城正阳门外建天地坛、紫禁城右侧建社稷坛、天地坛以西建山川坛。

1421年"正月甲子朔，上以北京郊社、宗庙及宫殿城，是日早躬诣太庙，奉安五庙太皇太后神主。命皇太子诣天地坛奉安昊天上帝、后土皇地祇神主，皇太孙诣社稷奉安太社太稷神主。"昊天上帝和皇地祇神位从此就在北京扎下根来。

1521年，明朝第十代皇帝武宗病死。武宗无子，其堂弟15岁的朱厚熜以藩王继承皇位，为明世宗，年号嘉靖。世宗继位之初围绕如何确定其生父的尊号展开一系列激烈争论，由此引发礼制变革。

早在嘉靖皇帝由藩邸进京的时候，未即位的嘉靖皇帝与朝臣们就迎接的礼仪发生了争执，结果以朝臣的妥协告终，紧接着，嘉靖皇帝的生母兴王妃蒋氏进京，又发生了类似的事情，最后朝臣又做了让步。

这两件事可以说是仪礼之争的主要缘由，从嘉靖皇帝主观来讲，他从外藩即皇帝位，对朝廷的旧臣并不十分信任，而且他不希望以过继给孝宗皇帝当养子的身份来入继大统。

因此他要追封自己的亲生父亲为皇帝，这一点标榜尊崇先师孔子礼教的大臣们是无法同意的，众大臣表现得空前团结，反对的奏章压得明世宗喘不过气来。

就在世宗准备让步的时候，一个叫张璁的人站了出来，帮了嘉靖皇帝一个忙，他写了一篇文章，为嘉靖皇帝追封自己的父母找了许多理论依据，而且引经据典批驳了群臣的观点，嘉靖皇帝看后深受鼓舞，张璁也得以加官进爵，成为仪礼派的首领。

1530年，世宗以天地合祀不合古制为由，集群臣596人议郊祀典礼。有82人主张分祀；84人主张分祀而又以为既成之法不可轻改，时机尚不适宜；26人主张分祀而以山川坛为方丘；206人主张合祀而不以分祀为非；还有198人不置可否。

明世宗"自为说，以示礼部"，将南郊的天地坛改为圜丘专以祭天，在北郊择地另建方泽坛专以祭地，并在东郊建朝日坛、西郊建夕月坛。这是为明代的重要事件，史称"更定祀典"。

1530年5月，四郊祭坛兴工。11月命北郊之坛为地坛，此后方泽坛和地坛两名并存，祝文中称"方泽坛"，公务称"地坛"。1531年，方泽坛建成，后改方泽坛为地坛。

阅读链接

关于大礼仪之争，民间还有另一个说法。据史料记载，朱厚熜是兴献王朱佑杬的独子，他小时候非常聪明，对父母也非常孝顺，因此父母对他疼爱有加，总希望他长大后能成大事，担大任。

兴献王朱佑杬望子成龙，就亲自讲授书史。他从4岁开始就教朱厚熜学《孝经》《大学》及修身齐家治国之道。

经过多年的熏陶，朱厚熜长大后不仅学识丰富，而且重礼节，孝敬父母。据说在他的父亲兴献王病重时，他多日衣不解带地陪在床前喂汤喂药，直至父亲病终。

1521年，明武宗驾崩，武宗无子，朱厚熜以藩王入继帝位，他就是明世宗。世宗讲礼节重孝道，继位不久便与朝臣在议兴献王尊号的问题上发生了"大礼仪之争"。

地坛内回字结构的古建筑

地坛总体布局坐南向北，由回字形两重正方形坛墙环绕，分成内坛和外坛。中轴线略向西北倾斜。

地坛以方泽坛为中心，周围建有皇祇室、斋宫、神库、神厨、宰牲亭、钟楼等。它的面积不大，约有37万平方米，占地仅为天坛的1/8左右。

举行祭地大典的方泽坛平面为正方形，上层高1.28米，边长20.5米，下层高1.25米，边长35米，乍一看去，似乎给人以矮小、简单之感。但是，就在这看似一无所有的表象下面，却隐含着象征、对比、透视效果、

方泽坛

五镇 始于《周礼》。五镇各镇一方，独具特色，它们分别是山东临朐的东镇沂山、浙江绍兴的南镇会稽山、山西霍州的中镇霍山、陕西宝鸡的西镇吴山、辽宁北宁的北镇医巫闾山。数千年来，历代帝王都在五镇立祠建庙，封禅祭祀。五镇显赫尊贵的历史地位和以神仙文化为特色的文化底蕴，使之在中华文明史上享有崇高的地位。

视错觉、夸大尺度、突出光影等一系列建筑艺术手法，隐含着古代建筑师们的匠心构思。

内坛共有7组建筑。古人认为应该在质朴的环境之中祭祀皇地祇，所以地坛内建筑很少，而且造型简朴，没有烦琐的装饰。

方泽坛和皇祇室组两组主要建筑布置在中轴线南部，前面为祭坛，后面为供奉神位之所，是模拟宫殿建筑"前朝后寝"的规制。供皇帝斋戒之用的斋宫布置在西北部。

方泽坛是举行祀典的祭台，狭义的地坛就是指这座祭台。坛四周有方形水渠环绕，名为方泽。方泽西南外侧有石雕的龙头，祭祀时方泽注水，水深至龙口，形成"泽中方丘"。

古人认为祭坛"必受霜露风雨，以达天地之气"，所以祭坛之上不建房屋，也没有内部空间。这是祭坛通例。

坛面铺正方形白色石块，整个坛面由1572块石块铺成。上层正中1/9处铺较大的石块，纵横各6块，

■ 地坛内的神道

■ 地坛方泽坛

以外分隔为四正四隅8个正方形，每个正方形纵横各8块。上层纵横各24块。

围绕中心四外为8环，最内环36块，每环递增8块，最外环92块。下层纵横各40路，也是8环，最内环100块，最外环156块。

坛立面包砌黄琉璃砖。四面各有8级台阶。下层东西两侧有4个石座。南面两座雕山形花纹，北面两座雕水形花纹，祭祀时以五岳五镇、皇帝陵寝所在的五陵山和四海四渎从祀，是安放从祀神位的四从坛。

方泽坛周围有两重低矮的围墙，称为"壝"。壝也是祭坛的组成部分，古代称祭坛规制为坛壝之制。方泽坛为两重方壝，壝墙黄琉璃瓦顶。

四面正中各有白石筑成的棂星门，北面为正，3门，东西南各1门。围墙之间的东北角有望灯台，灯杆高约35.83米，用以祭祀时悬挂望灯。

前朝后寝 这是我国宫殿自身的布局。宫殿大体上有前后两部分，前堂、后室只有一墙之隔，这就是"前朝后寝"。所谓"前朝"，就是帝王上朝治政、举行大典的地方。所谓"后寝"，就是帝王与后妃们生活居住的地方。"前朝"设有御座，是帝王坐的地方；"后寝"设有床具，乃休憩之所。

传奇的祭坛

■ 地坛斋宫

棂星门 文庙中轴线上的牌楼式木质或石质建筑。棂星即灵星，又名天田星。后来人们又将棂星解释为天镇星、文曲星、魁星。古人认为"天镇星主得士之庆，其精下为灵星之神"，以棂星命名孔庙大门，象征着孔子可与天上施行教化、广育英才的天镇星相比，又意味着天下文人学士汇集于此，统一于儒学的门下。

皇祇室在中轴线南端。大殿体量不大，北向，面阔5间，单檐歇山顶，覆黄琉璃瓦。内檐彩画为最高等级的和玺彩画，全部以凤为题材，是一种罕见的做法，为清乾隆年间原物。

皇地祇神位平时供奉于皇祇室内，祭祀时移到方泽坛上。围墙之门与方泽坛南棂星门相对，围墙覆黄琉璃瓦。

斋宫东向，面向中轴线。正殿建在单层台基上，面阔7间，单檐歇山顶。前有月台，围以白石栏杆。南北配殿各7间，单檐悬山顶。配殿后各有守卫房7间。东有内宫门，其外环绕高墙一道。整组建筑用绿琉璃瓦。

北京诸坛仅天坛、地坛、先农坛建有斋宫。因为皇帝对皇地祇称臣，所以斋宫必须建在祭坛的下方位置，朝向和色彩必须低于祭坛的规制。

还有4组附属建筑，布置在中轴线以西：神库和宰牲亭在方泽坛以西，钟楼和神马圈在斋宫以北。钟楼内悬挂着嘉靖年间铸造的铜钟，祀典开始时鸣钟。

斋宫为皇帝祭地时斋宿之所。清代顺治、康熙、雍正、乾隆、嘉庆各帝都曾在此斋宿。主体建筑坐西面东。斋宫东，由西、南、北3殿组成，始建于1530年，1730年重建。

神库建于1530年，这组小建筑群是由4座五开间的悬山式大殿和两座井亭组成。

正殿叫"神库"，是存放迎送神位用的凤亭、龙亭和遇皇祇室修缮时，临时供奉各神位的地方。东配殿叫祭器库，是存放祭祀所用的器皿用具的库房。西配殿叫 神厨，是制作祭祀供品食物的地方。

南殿叫"乐器库"，是存放祭祀所用乐器和乐舞生服的地方。东西井亭专为方泽坛内泽渠注水和为神

单檐歇山顶 我国古代建筑屋顶的样式之一，在规格上庑殿顶。歇山顶共有9条屋脊，即1条正脊，4条垂脊，4条戗脊，因此又叫九脊顶。由于其正脊两端到屋檐处中间折断了一次，分为垂脊和戗脊，好像"歇"了一歇，故名歇山顶。歇山顶分为单檐歇山顶和重檐歇山顶。重檐歇山顶是在基本歇山顶的下方，再加上一层。天安门、故宫的太和门和保和殿为单檐歇山顶。

055

祭地之坛

北京地坛

■ 地坛内的碑刻

■ 地坛内建筑一角

厨供水。南殿及两井亭于1749年建成。

宰牲亭位于神厨的南侧，建于明永乐年间，是古代皇家祭祀前宰杀祭祀所用牲畜的场所，也称打牲亭。亭内有石槽，门内两侧原有井亭各一座，为洗涤祭品之用。

古时对宰杀祭牲也很讲究，于祭前一天子时初刻，在此举行宰牲仪式：宰牲人预先在亭外墙东，挖一个两尺见方、两尺深的坑，也叫"瘗坎"。

太常寺官员摆设香案于亭外，光禄寺大臣穿礼服，在两名太常寺赞礼郎的引导下，到香案前北面三上香后与御史、礼部司官一起视宰。宰牲人用鸾刀割牲；用器皿取祭牲之毛、血，掩埋于墙东之坎内。宰牲仪式遂告结束。

宰牲亭的西侧就是井亭。井亭最大的特点是，

■ 地坛内的石牌楼

亭的顶部是敞开的，通天的。井口冲青天，寓意含有天地之气的意思。宰牲亭上边的几根柱子不落地，都落在4个抹角梁上。宰牲亭的接点做法是清代所没有的，它的柱头直接通上去不用垫板，它的木构件特别直爽。

后来的宰牲亭以历史原貌面向世人，殿内青砖墁地，有灶台、漂牲池。里面有皇帝祭天祷告词、供奉牌位、祭器和供品等，都是地坛极其珍贵的文物。

钟楼始建于1530年，为三开间歇山式绿琉璃顶的重檐正方形建筑，通面阔12米多。因年久失修，于1965年拆除。2000年按原样重建。钟高2.58米，直径1.56米，重2324千克，铭文铸"大明嘉靖年月日制"8个字。钟声宏亮浑厚。

神马殿建于1530年，建筑为五开间悬山式绿琉璃顶。它通面宽19.55米，每间宽度相同，进深7.5米。外有墙墙。1999年进行挑顶大修。

光禄寺 我国古代掌理膳食的官署名。光禄寺原称为光禄勋，由汉朝郎中令演变而来，统属宫廷宿卫及侍从等。至魏、晋仅存其名，北齐则易名为光禄寺，职责亦变为掌理皇室膳食。自此各代均保留此制，只在辽代时曾易名为崇禄寺，金代则职属宣徽院。

传奇的祭坛

■ 地坛方泽亭

牌楼 又名牌坊，是我国古代建筑中极为重要的一种类型，其建筑布局细腻，结构紧凑，形式多样，远看巍峨壮观，近看玲珑剔透，首都北京是牌楼最多的城市。随着历史的演变，牌楼已成为我国的一个独特的文化现象，它象征着威严、荣誉、表彰。

牌楼也称牌坊，是地坛西门的第一座建筑物。明清两代皇帝到地坛祭地首先经过牌楼，再进坛门，地坛牌楼与颐和园东门外牌楼一样高大雄伟。

明代始建时称"泰折街"牌坊，清代雍正年间重建时改为"广厚街"牌坊。由于自然条件和历史的原因，两个牌楼都没有保存下来，后来的牌楼是根据清代乾隆时所建式样重新建设的。

新建的牌楼高达13.5米，气势高大雄伟，绿色的琉璃瓦面，彩画以"天龙地凤"之说，绘以单凤图和牡丹图案，正面中心有"地坛"二字，背面核心有"广厚街"字样。

集芳囿位于外坛的西北部，占地面积6000平方米，建筑面积1300平方米，是一座封闭式的古典景园。园内有殿室、廊亭、池榭、爬廊、假山等，布局严谨多变。

园内还有近900平方米、高12米的温室，室内除了有数百种名花异草外，还有假山叠水和溪流。它是景色优美和四季如春的幽静仙境。

牡丹园是占地面积最大、植物品种最丰富，亭、廊、水榭、花架等园林小品最精致的园中园。园内通过整合的手法，遵循园林布局，采用形态生动、布置形式灵活的自然山石与灌木相结合的形式处理驳岸，与水榭保持景观风格的统一，充分体现了我国古典园林师法自然的造园思想。

在我国古代，天圆地方的观念源远流长。因此，作为祭祀地祇场所的地坛建筑，最突出的一点，就是以象征大地的正方形为几何母题而重复运用。从地坛平面的构成到墙圈、拜台的建造，一系列大小不同的正方形反复出现，与天坛以象征苍天的圆形为母题而不断重复的情形构成了鲜明对照。

这些重复的方形，不仅具有强烈的象征意义，而且还创造了构图上平稳、协调、安定的建筑形象，而

天圆地方 我国阴阳学说的一种体现，我国传统文化博大精深，阴阳学说乃其核心和精髓。我国古代的建筑多体现这一思想。古人把茫茫宇宙称为"天"，把人们赖以生存的田土称为"地"，由于日月等天体都是在周而复始、永无休止地运动，好似一个闭合的圆周无始无终；而大地却静悄悄地在那里承载着我们，恰如一个方形的物体静止稳定，"天圆地方"的概念便由此产生。

■ 地坛钟楼

这又与大地平实的本色十分一致。

按照古代天阳地阴的说法，方泽坛坛面的石块均为阴数，即双数：中心是36块较大的方石，纵横各6块；围绕着中心点，上台砌有8圈石块，最内者36块，最外者92块，每圈递增8块；下台同样砌有8圈石块，最内者100块，最外者156块，亦是每圈递增8块；上层共有548个石块，下层共有1024块，两层平台用8级台阶相连。凡此种种，皆是"地方"学说的象征。

方泽坛建筑艺术又一突出成就体现在空间节奏的完美处理上。它方形平面向心式的重复构图，使位于中心的那座体量不高不低的方形祭台显得异常雄伟，这种非凡的气魄，主要来源于两个方面：

首先是最大限度地去掉周围建筑物上一切多余的

■ 地坛"回"字形建筑模型

■ 地坛内的石桥

部分，使其尽可能地以最简单、最精练的形式出现，从而形成了一个高度净化的环境。

其次则是巧妙的空间结构处理手法：两层坛墙被有意垒砌成不同的高度，外层墙封顶下为1.7米，内墙则只有0.9米，外层比内层高出了将近一倍；外门高2.9米，内门高2.5米。

两层平台的高度虽然相近，但台阶的高度却不同，上层台宽3.2米，下层台宽3.8米。这种加大远景、缩小近景的手法，大大加强了透视深远的效果。

更重要的是，这样的安排还营造了祭拜者的一种特殊心理节奏。当人沿着神道向祭坛走去时，越向前走，建筑就越是矮小，而祭拜者本人就越是显得高大。当人最终登上祭坛时，自然会有一种凌空抚云和俯瞰尘世之感了。

除了视觉上促使人产生节奏感之外，还十分重视人的触觉，特别是脚的感觉。我国建筑历来重视地面

意境 我国古典美学独特的范畴，它是我国古代思想家提炼出来的，同时也是我国历代艺术家有意识去追求的。我国园林艺术在审美上最大特点就是有意境。我国古典园林中的建筑物，如楼、台、亭、阁，它们的审美价值主要不在于这些建筑物本身，而在于它们可以引导人们从小空间进入到大空间，丰富人们对于空间美的感受。

的铺作和道路、台阶的距离远近曲直，目的就是要创造出一种特定的意境或气氛。

方泽坛的空间和距离，从一门到二门，二门到台阶前都是32步左右，两层平台都是8级台阶，上二层平台又是32步左右。这样，人在行进间进行持续时间相同的重复，自然而然地就会使脚的触觉转化成心理上的节奏，舒畅的平步青云之感便会油然而生。

如果说帝王祭天是为了表现自己是天之元子并受命于天的话，那么，他们在祭地之时，体现的则是自己君临大地和统治万民的法统。

因此，天坛建筑以突出天的至高无上为主，祭天者被放到了从属地位，而地坛建筑则不然。

地坛虽然也要表现大地的平旷与辽阔，但更要突出作为大地主人的君王的威严，要唤起帝王统治万民的神圣感和自豪感。所以，营建地坛的古代建筑师们才煞费苦心地做了这样的构思与设计。

阅读链接

地坛建筑在色彩运用方面也颇具匠心。方泽坛只用了黄、红、灰、白4种颜色，便完成了象征、对比、过渡，形成了协调艺术整体、创造气氛的作用。祭台侧面贴黄色琉璃面砖，既标明其皇家建筑规格，又是地祇的象征，在我国古代建筑中，除了九龙壁之外，很少见到这种做法。

在黄瓦与红墙之间以灰色起过渡作用，又是我国古代宫廷建筑常见的手法。整个建筑以白色为主并伴以强烈的红白对比，给人以深刻的印象。

红墙庄重、热烈，汉白玉高雅、洁净；红色强调粗重有力，白色如轻纱白云，富有变幻丰富的光影和宜人的质感；红色在视觉上近在眼前，象征尘世，而白色则透视深远的效果，远方苍松翠柏的映衬，又使祭坛的轮廓十分鲜明，更增添了它神秘、神圣的色彩。

皇祇室独特的建筑彩画

清初沿袭明朝地坛旧制，地坛以及其中各建筑的名称也未改。1749年，地坛因年久失修损毁严重，清政府为此进行了大规模的修缮和改建。

地坛建筑

■ 龙凤和玺彩绘

传奇的祭坛

乾隆认为皇祇室绿瓦和方泽坛黄琉璃面砖"于义无取"，于是依据《周礼》和《考工记》等经典，将皇祇室以及方泽坛围墙绿琉璃瓦顶改为黄瓦、方泽坛黄琉璃面砖改为白色石块。

这次改建十分成功，使两座主体建筑的礼制意义更加明确。改建工程至1752年竣工。

1873年同治帝亲政重修了皇祇室，这是我国封建帝制时代对地坛的最后一次修缮。这座大殿的一个特点是内檐彩画采用了"双凤和玺"式样。

彩画是我国特有的一种建筑装饰艺术，具有悠久的历史。据史籍考证和考古实物证明，早在春秋至战国时期，就在建筑物的檩、枋、梁、柱等部位进行彩画装饰。大量出土的汉代陶楼建筑的梁、柱、枋上更是都有彩绘装饰。

明清之际，建筑彩画已趋规范，特别是清式彩画的制度性更加明显，各种彩画在构图、用色、用金和退晕层次上都有具体的规定，许多彩画已经形成了共有的特点，归纳起来可以分为"和玺""旋子"和"苏式"三大类，另外还有一些杂式的类型。

和玺彩画是彩画等级最高的一种，是清代官式建筑主要的彩画类型，有的称为"合细彩画"。它仅用在宫殿、寝宫、离宫、皇家坛庙的主殿、堂门和少量的牌楼建筑中。

和玺彩画是在明代晚期官式旋子彩画日趋完善的基础上，为适应皇权需要而产生的新的彩画类型。画面中象征皇权的龙凤纹样占据主导地位，构图严谨，图案复杂，大面积使用沥粉贴金，花纹绚丽。

和玺彩画构图时，在梁、枋各部位都用曲折线分成段，其他主要线条一律沥粉贴金，金线一侧衬白粉线或者同时加晕。各个构图部位内的花纹也沥粉贴金，并且用青、绿、红等底色来衬托金色图案，整体画面非常华贵。

金琢墨和玺 和玺彩画的一种，但在要求上比一般和玺精细。它的轮廓线、花纹线、龙鳞等均沥单粉贴金，内作五彩色攒退。它采用贯套箍头或锦上添花，西番莲、汉瓦加草等，攒小色以不顺色为原则，如青配香色，绿配紫等五色调换。盒子、藻头和枋心的配色与箍头配色相同。

■ 双凤和玺彩绘

■ 苏式彩画 我国古代建筑彩画的一种类型，源于江南苏杭地区民间传统做法，俗称"苏州片"。一般用于园林中的小型建筑，如亭、台、廊、榭以及四合院住宅、垂花门的额枋上。紫禁城内苏式彩画多用于花园、内廷等处，大都为乾隆、同治或光绪时期的作品。

根据各个部位所画的内容不同，和玺彩画的做法又分为金琢墨和玺、金龙和玺、龙凤和玺、龙草和玺、金凤和玺及草凤和玺等。

旋子彩画仅次于和玺彩画，它有明显、系统的等级划分，既可以做得很素雅，也可以做得非常华贵。它的应用范围很广，一般官衙、庙宇的主殿，坛庙的配殿以及牌楼等建筑物都用这种彩画。

旋子彩画的主要特点是：找头之内使用带漩涡状的几何图形，叫作旋子或称旋花，各层花瓣从外到内分别称"一路瓣""二路瓣""三路瓣"和"旋眼"，或称"旋花心"。旋子以"一整两破"为基础，以找头的长短作为增加或减少旋花瓣的处理依据。

苏式彩画由图案和绘画两部分组成，是另一种风格与形式的彩画，主要用于园林和住宅。各种图案和画题相互交错，从而形成了多变的画面。

在图案中一般画上各种回纹、万字、夔纹、汉瓦、连珠、卡子、锦纹等。绘画包括各种人物故事、山水、花鸟、鱼虫等。另外，还有一些装饰画，比如折枝黑叶花、异兽、流云、博古、竹叶、梅花等。画题多含寓意，喻示美好和吉祥。

北京地坛皇祇室的内檐彩画采用了金凤和玺的画法。这种彩画样式在北京区的宫殿、坛庙之中仅此一例。这些彩画的题材以"凤"为主要形象，所有的枋心彩绘图案都是双凤，没有龙和龙凤图案，这在我国现存的官式建筑物中是非常少见的。

在土地祭祀文化中，关于祭祀的场所、祭祀的礼器、祭祀的仪仗、礼仪、禁忌等，历朝历代都有严格规定。北京地坛是明、清朝廷进行最高规格的祭祀地祇神的专用场所，它的营建必须合乎"礼"。

为了合乎这个"礼"，古代工匠们在营建地坛的

夔纹 青铜器上的装饰纹样之一。该图案表现传说中一种近似龙的动物——夔，主要形态近似蛇，多为一角、一足、口张开、尾上卷。有的夔纹已发展为几何图形。常施于簋、卣、瓿、彝和尊等器皿的足、口的边上和腰部作装饰。盛行于商和西周前期。

■ 旋子彩绘

过程中，从选址到规划，从整体布局到局部操作过程中采用的特殊建筑语言中，无不直接或间接地体现了两种观念和信仰，一是对承载、滋养普天之下万物生灵的大地的尊崇、敬畏和虔诚，二是象征国家社稷为天之所授的观念。

不必说地坛整体规划一律采用"制方"的设计，也不必说唯独地坛建筑"坐南朝北"，更不必说各组建筑的长度都是"偶数为基"，单单是所有建筑枋心的彩绘图案都是"双凤"，而无双龙和龙凤图案，这在我国官式建筑中就极为罕见，从而被称为"北京一绝"。

皇祇室内檐彩画的题材以凤为主要形象，表明它的象外之意代表了八卦中的坤象，表示的是"后土"和"地示"神祇等内涵。这种特殊的图案体现了与地坛这组建筑在形象和使用功能上的一致性。北京地坛皇祇室内檐彩画以其独特的立意、构图和具体描绘手法，在我国古代建筑史上增添了一朵瑰丽的花朵。

阅读链接

皇祇室内檐彩画与清代晚期的"和玺彩画"相比较，具有以下几点值得我们认真品鉴。

首先，在彩绘构图中，枋心部分的长度占全间的长度比例略小于1/3。其次，在彩绘图案中，箍头、规线光、皮条线、枋心头等斜线的处理上，不是采用直斜线，而是调整为稍稍弯曲的弧线，并且这些线旁边只饰用了大粉，没饰晕色。

第三，柱头的彩绘方法不是像清代晚期彩画那样处理，而是在青地内直接绘以沥粉贴金西番莲，而所描绘的西番莲构图，在细部的处理上颇具明代西番莲的风格。

最后，在横向大木上的盆子，找头和枋心内所绘制的大量的"凤"形图案，风格古朴，构图简练，优美多姿，而且所有"凤"的空白之处，都以比较大片的祥云作衬绘，其云层的形状和勾绘都非常讲究。

北京日坛

　　日坛又名朝日坛，位于北京朝阳门外东南方向，与东岳庙南北相望。日坛是明清两代帝王祭祀大明之神太阳的地方。

　　那时，每年春分日出寅时行祭礼，文武百官浩浩荡荡相随而至，都来此祭拜太阳之神，场面壮观，因此日坛又叫太阳神殿。

　　日坛始建于1530年，主体建筑是祭坛，四周环绕着矮墙。祭坛为方形，西向，白石砌成，坛面明代为红琉璃，以象征太阳，清代改为方砖墁砌。日坛还体现了我国古老的祭祀文化，为著名的北京五坛之一。

日坛内古朴典雅的建筑

　　1530年，明世宗更定祀典，除了将南郊的天地坛改为圜丘专以祭天，还在东郊建"朝日坛"专门祭日，朝日坛就是日坛，这就是日坛的来历。

日坛内的亭榭

日坛内的石坊

　　那么，为什么要祭祀太阳呢？这就涉及自古以来人类对太阳的崇
拜了。

　　太阳崇拜具有普遍意义，世界上几乎所有民族都有过日神信仰的
历史。我国就是太阳崇拜的五大发源地之一。人类所塑造出的最早的
神是太阳神，最早的崇拜形式是太阳崇拜。

　　太阳神话是一切神话的核心，一切神话都是由太阳神话派生出来
的。太阳从仅仅是个发光的天体变成了世界的创造者、保护者、统治
者和奖赏者，这实际上太阳变成了一个神，一个至高无上的神。

　　在世界上，凡是太阳照耀的地方，均有太阳崇拜的存在，宗教认
为一切神话均源于太阳，很多民族的原始信仰无不与太阳或者火有着
千丝万缕的联系。

　　太阳崇拜是以天体为对象的自然崇拜中的一种。在人类未形成之
前，太阳便已存在了。人类诞生以后，太阳作为一种自然物体与人类
朝夕相处。

　　但在人类社会的早期，即原始采集、狩猎时代，尚没有发生太阳

■ 日坛内传统建筑门楼

《山海经》 我国先秦古籍。一般认为它主要记述的是古代神话、地理、物产、巫术、宗教、古史、医药、民俗、民族等方面的内容。《山海经》全书18卷，其中《山经》所载的大部分是历代巫师、方士和祠官的踏勘记录，具有较高的参考价值。《山海经》最早的版本是经西汉刘向、刘歆父子校勘而成的。

崇拜，因为尽管太阳对人的影响较为显著，但毕竟未对人的生活和生命安全产生直接影响。

进入新石器时代以后，即人类能够进行生产性的生产以后，太阳对人才有了直接的利害关系，人们才感觉到自己的劳动受到太阳的制约，从而促使人们对太阳产生了较多思考。原始人不理解太阳奥秘，以为太阳具有能使万物复苏和生长的超自然力量，甚至视为丰产的主要赐予者。

原始人还认为，太阳也像人一样，有灵魂，有喜怒哀乐，这样人们便认为太阳也是有"灵"的。后来，人们又逐渐把太阳人格化了，同时视之为神而加以礼敬或祭祀。

在华夏大地上，人们对太阳一直偏爱有加。在我国，最早记载日月神话的文献是《山海经》。其中关于太阳有这样一段神话传说：

东南海之外，甘水之间，有羲和之国，有女子名曰羲和，方日浴于甘渊。羲和者，帝俊之妻，生十日。

日坛在北京城东郊，朝阳门外，当都城卯位。壝墙圆形，四周设棂星门4座，西门为三门六柱，东、南、北3座均为一门二柱，朱红门扉。

壝墙西门内有鼎、炉各2座，西门外南有瘗坎、铁燎炉各1座，北向。壝墙北门外之东为神库西向3间，神厨南向3间，以及井亭1座，南向，周围有墙垣1重，开门1座，西向。

其北为宰牲亭3间，墙垣1重，亦开1门向西。壝北门外直北为祭器库、乐器库、棕荐库，各3间，联檐通脊，均南向。壝墙西门外之北为具服殿3间，南向，左右配殿各3间，四周环卫宫墙，南面开宫门3间。其东有钟楼1座。

日坛主体建筑是祭祀大明之神，就是太阳的祭日坛，其主体建筑于1530年修建，坐东向西，呈方形，宽约16.7米，高约2米，是以白石砌成的一层方台，四面各出白石陛阶

■ 日坛九龙柏

九级。各数皆为阳数。

据记载，日坛建筑格局为，内坛墙前方后圆，周长约968米，两面用砖镶砌。西、北两面开天门两座，各3间。西天门外正西建栅栏门3座，照壁1座。北天门外有照壁1座。另有西角门1座。西北为景升街牌坊，坊前以朱栅为界，长50米。

外围墙西自牌坊西抵坛垣西南隅，长约1274米，东自牌坊东抵坛垣东北隅，长约1141米。其甬路由景升街向南，折向东至北天门，门以南折而西而北达具服殿，直南至神路。从墙北门外北至祭器库，折向东达宰牲亭、神库。各建筑均用绿色琉璃瓦，外墙覆瓦用青色琉璃绿缘。

坛面原为红色琉璃，象征太阳，清代改为方砖墁砌。正西有白石棂星门3座，西门外有燎炉、池。北为神库、神厨、宰牲亭、钟楼等。南为具服殿。后

照壁 我国古代传统建筑特有的部分。明朝时特别流行，是在大门内的屏蔽物。在古时，人们认为自己宅中不断有鬼来访，修上一堵墙，以断鬼的来路。因为据说小鬼只走直线，不会转弯。另一说法为，照壁是我国受风水意识影响而产生的一种独具特色的建筑形式，又称"影壁"或"屏风墙"。

■ 日坛宰牲亭

■ 日坛祭日壁画

来，祭日的坛台不在了，只有四周的红墙完好无缺。

祭日壁画位于日坛中央，绿色琉璃瓦顶。壁画全长15米，高6米，壁画中央是"金乌"太阳神，上有飞天，下有帝王，群臣及百姓祭祀太阳神的隆重场面，两侧是"后羿射日"和"夸父逐日"等有关太阳的传说。

具服殿为一方形院落，北为正殿3间，南向。正殿左右为配殿，各3间，东西向，四周有宫墙。这是皇帝休息更衣之所。

西南景区融合了江南的湖光山色和北方园林的古朴典雅之美。景区有近4700平方米的湖面。湖畔建有古色古香的水榭、画舫，湖面架以曲桥、拱桥。

湖边围绕蜿蜒迂回的小路，沿小路向东走去，有曲径通幽之趣，登上峭壁眺望，山水融为一体。

玉馨园占地面积3000平方米，景色宜人，穿过蜿

夸父逐日 我国上古神话故事。说夸父与太阳赛跑，他跑进了太阳的光轮，天气炎热，他很渴，黄河和渭水的水都不够他喝，他就想去北方的大湖喝水。他还没走到北方大湖，就在半路上渴死了。他遗弃的手杖，化成了一片桃林，从此，绿树成荫，桃果飘香，后来的夸父族人逐日再也没有渴死过。

神库神厨外景

蜒曲折的园路，具有40余年树龄、胸径为1米的悬铃木，枝繁叶茂，像一把遮阳伞，为游人带来丝丝凉意。

另外，园中还有凉亭、喷水池，花木山水，相映成趣。著名的燕京八景之一的"金台夕照"，也让古老的日坛越发古朴典雅。

阅读链接

金台夕照景观，一直是老北京东南城的文化景观。据说乾隆皇帝还曾到此地游览，在夕阳下欣赏美景，还用行书题写了"金台夕照"4字，并题诗一首。诗云：

九龙妙笔写空蒙，疑是荒基西或东。
要在好贤传以久，何妨存古托其中。
豪词赋鹙谁过客，博辨方孟任小童。
遗迹明昌重校检，睾然高望想流风。

我国传统的祭日典仪

　　祭日典仪是我国古代重要的祭礼之一。"祭日"在规模上虽比不上祭天，但仪式也颇为隆重。每年春分之日，明清两朝的皇帝都会前去北京城东面的日坛祭祀"太阳神"，文武百官，浩浩荡荡，相随而至，场面十分壮观。

日坛棂星门

《礼记》是研究我国古代社会典章制度和儒家思想的重要著作，内容广博，门类杂多，涉及政治、法律、道德、哲学、历史、祭祀、文艺、日常生活、历法、地理等诸多方面，几乎包罗万象，集中体现了先秦儒家的政治、哲学和伦理思想。其中《祭仪》专门记录了有关祭祀的礼仪和制度。

■ 日坛美景之曲池胜春

我国祭日的传统由来已久。《国语》中云：

古者先王即有天下，又崇立于上帝、明神而敬事之，于是乎有朝日、夕月以教民尊君。

《礼记·祭义》载：

郊之祭，大报天而主日，配以月，夏后氏祭其暗，殷人祭其阳，周人祭日，以朝及暗。祭日于坛，祭月于坎，以别幽明，以制上下。祭日于东，祭月于西，以别外内，以端其位。日出于东，月生于西。阴阳长短，终始相巡，以致天下之和。

古之天子，以天为父，地为母，日为兄，月为姊。每年春分朝日，秋分夕月。之所以选择春分和秋分，是因为"春分阳气方永，秋分阴气向长"，可

"得阴阳之义"。这一传统延续数千年，历代虽各有损益，但总体变化不大。

及至明初，天、地、日、月本为合祭。1370年，为正祭礼而分祀日、月，在南京城东、西城门外分建日、月坛。到嘉靖年间，改订礼法，又将地、日、月重新分祭。

1530年，将日坛和月坛由北京天地坛即后来的天坛分出。日坛设于朝阳门外，此地原为明锦衣卫萧瑛的住地，西向，称"朝日坛"；于每年春分日祭祀大明之神，无配祀。逢甲、丙、戊、庚、壬，每隔两年皇帝要亲赴日坛祭祀。其他年份则派遣文官代行。

据史料记载，日坛建好后，每年皇帝都要去日坛祭日，直至清朝道光二十三年，也就是1845年。

当时祭日仪式非常隆重。祭日典仪开始时，奏中和韶乐，皇帝带着十余位大臣缓缓步入祭坛。祭坛上正东方向已摆好大明神位，也就是太阳神位。并且盛放祭品的器皿都是红色的，象征着太阳的颜色。

当祭日的队伍全部就位后，赞引官洪亮的嗓音响起："就位——跪、叩、兴！"皇帝按照指引，恭敬地跪拜在神位前，请神从天界下到凡间，并献上玉和帛。之后皇帝又带领大臣行初献礼、亚献礼、终献

■ 日坛玉馨园

锦衣卫 全称为锦衣亲军都指挥使司，原为朱元璋设立的"拱卫司"，后改称"亲军都尉府"，统辖仪鸾司，掌管皇帝仪仗和侍卫。1382年，裁撤亲军都尉府与仪鸾司，改置锦衣卫。朱元璋为加强中央集权，特令其掌管刑狱，赋予巡察缉捕之权，下设镇抚司，从事侦查、逮捕、审问等活动。

日坛清辉亭

礼，每次都要跪拜，并献上爵。

伴随着仪式进行，64位乐舞生在拜坛下面相继跳起武功舞和文德舞，分别表示武得天下和文治天下的含义。这两种舞蹈非常优美，与之配合的音乐也是铿锵有力、缓慢肃穆。

祭日典仪一直受到皇家重视，是我国古代文化的重要组成部分。

阅读链接

传说我国民间很早就有赶庙会祭祀太阳神的传统。

在山东日照汤谷太阳文化源风景区的天台山下，有一个非常独特的老母庙，这座老母庙祭祀的是我们的先祖太阳神羲和，当地人称"羲和老母"。

每年农历六月十九太阳神生日这天，天台山下的老母庙都要举办庙会，这是当地的一大盛事，周围几百里的乡民都会来赶庙会，祭太阳，祀老母，祈求五谷丰登，幸福安康。

村民们还将当地的乡土产品拿来展示、交换、同时请来专门的戏班子表演节目，场面宏大，热闹非凡。

月坛又名夕月坛，坐落于北京西城西侧，月坛北街以南。月坛是明清两代皇帝祭祀夜明神月亮和天上诸星神的场所，因此，它又叫夜明神殿。

月坛始建于1530年。它是北京著名的五坛之一。月坛分为南北两部分：北园以红砖绿瓦的古建筑和规则的道路为特征，这是明清时期的月坛；南园是仿古园林，其中的山石、水池以及迂回曲折的园路组成了一个自然山水园的格局。月坛还是北京著名的古典园林之一。

夜明神殿

北京月坛

远自周代的祭月传统

我们的祖先对于四季交替、天时变换、日月盈昃尤其是危及人类生命的水、火、雷和电等，还缺乏科学的了解，认为在自然界中存在着一位至高无上的神君，不但主宰着上天，而且主宰着人类的生死存

月坛鸟瞰一角

■ 月坛具服殿

亡、吉凶祸福。

所以，人们就怀着畏惧、祈盼的心情对这一神灵顶礼膜拜，希望它消灾降福，呵护人类。

这种纯朴的神权思想和朦胧的宗教意识，正是产生祭坛拜坛作为祈祷场所的最初动因。以后，历朝历代又不断增加祭祀对象，建立起各种各样的祭坛神庙以及一整套繁杂而又故作神秘的祭祀礼仪，作为朝廷的一种精神工具。

其实，早在先秦时期，祭祀天地日月就已经成为一种制度。后来，秦始皇就曾在成山，就是后来的山东成山祭日，在莱山掖县祭月，他是我国古代祭祀日月最早的帝王，对祭祀活动产生了深远的影响。

古人认为五谷丰收离不开月亮，如果没有月亮赐

先秦时期 指秦朝建立之前的历史时代，它经历了夏、商、西周，以及春秋、战国等历史阶段。在长达1800多年的文明史中，我们的祖先创造了光辉灿烂的历史文明，其中夏商时期的甲骨文和殷商的青铜器，都是人类文明的标志。这一时期还有我国历史上第一次文化学术的繁荣。

牌匾 我国独有的一种文化符号，它是融汉语言、汉字书法、中国传统建筑、雕刻于一体，集思想性、艺术性于一身的综合性艺术作品。它不仅是指示标志，也是文化的标志，甚至是文化身份的标志，广泛应用于宫殿、牌坊、寺庙等建筑的显赫位置，向人们传达皇权、文化、人物、信仰等信息。

予露水，没有月亮圆缺以计农时，丰收也是不可能的。据《礼记》记载：

天子春朝日，秋夕月。朝日以朝，夕月以夕。

意思是说，天子在春天祭日，在秋天祭月，祭日在早晨，祭月在夜晚。可见，帝王在春天祭日、秋天祭月的传统由来已久。

后来贵族和文人学士也仿效起来，在中秋时节，对着天上又亮又圆一轮皓月，观赏祭拜，寄托情怀，这种习俗就这样传到民间，形成一个传统的活动。

西汉武帝时，则"夕夕月则揖"，行朝日夕月之礼。汉成帝年间，在当时的都城长安城南郊修建了"天地之祀"以祭天地，修建"东君祀"以祭日。

在魏晋南北朝时期，春分在东郊朝日，秋分在西郊夕月，祭祀日月之神。至此，祭祀天、地、日、月已成为我国古代国家的盛大典礼之一，是帝王治国的

月坛内的长廊

■ 月坛静月轩

重要方式，历来受到重视。

一直到了唐代，这种祭月的风俗更为人们重视，中秋节便成为固定的节日，史书《唐书·太宗记》就记载有"八月十五中秋节"。据传这个中华民族重要节日的形成与"唐明皇梦游月宫"的故事有关。

传说有一年唐明皇在八月十五之夜，做梦游历了月宫，当他飘飘然地游历到月宫前的时候，见月宫上方悬挂着一块巨幅牌匾，上书有"广寒清虚之府"6个大字，他好奇地走了进去。

进宫以后，唐明皇立即被眼前的情景惊呆了，只见数百名天上仙女，各个如花似玉，她们舞动洁白如雪的长袖，在云雾缥缈的太空，伴着美妙的音乐，翩翩起舞。唐明皇看到一个个仙女体态轻盈，舞步优美动人，便越看越不想离去。正在他兴致高昂，情趣正浓之时，不觉醒来，原来是一场美梦。

但唐明皇一直难于从这场美梦中醒悟过来，后来

中秋节 我国的传统节日，为每年农历的八月十五。按照我国的农历，八月为秋季的第二个月，古时称"仲秋"，民间称为中秋，又称秋夕、八月节、八月半、月夕、月节等。又因为这一天月亮又满又圆，是团圆的象征，又称为团圆节。民间中秋节有吃月饼、赏月、猜灯谜等多种习俗。中秋节起源于中国，也是东亚民间的一个传统节日。

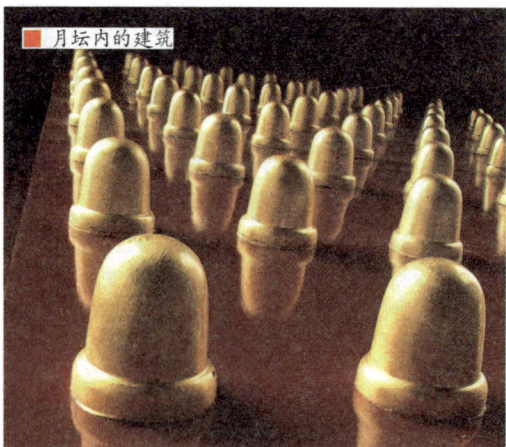
月坛内的建筑

竟"以梦当真"，念念不忘梦中的一切。他命令皇宫中的总管组织宫女，根据自己的记忆，设计排练了一套模仿月宫仙女表演的霓裳羽衣舞。

就这样，每到八月十五，就要摆上供品，赏月祭月，同时观赏宫女表演的优美舞蹈，引得朝中文武百官竞相效仿，后来又传至全国各地，使人们对月亮产生了更多的神秘色彩，也促使每年八月十五过中秋佳节这一风气逐步盛行，形成了与春节、清明、端午齐名的中国民间四大节日。

古人把日称为"阳"，把月称为"阴"，阴阳调和则万物昌盛，因而人们对月亮有独钟的情感。月亮在人们心中是美丽、温柔、恬静和可爱的，集所有阴柔之美于一身。而"嫦娥奔月""吴刚伐桂""玉兔捣药"，这些浪漫而美丽的神话，更让月亮多了份神秘的诗意。

传奇的祭坛

阅读链接

古代帝王有秋天祭月的社制，民家也有中秋祭月之风，到了后来赏月重于祭月，严肃的祭祀就变成了轻松的欢娱活动。

中秋祭月赏月的风俗在唐代极盛，许多诗人的名篇中都有咏月的诗句，如诗人李白的"举头望明月，低头思故乡"，杜甫的"露从今夜白，月是故乡明"等。

宋代、明代、清代宫廷和民间的祭月拜月赏月活动更具规模。我国各地至今遗存着许多"拜月坛""拜月亭"和"望月楼"等古迹。

月坛内古香古色的建筑

月坛的由来，同样是因为明朝的"更定祀典"事件，明世宗决定在西郊建夕月坛专以祭月，夕月坛就是月坛。

月坛在北京西城南礼士路以西，月坛北街以南。在明清文献中记载，坛内主要建筑，除祭坛坛台和内坛坛墙外，还包括钟楼、天门、具服殿、神库等古建筑。

祭坛长约13米，高约1.5米。坛面铺设白色琉璃，代表月亮，与日坛的红

月坛垂花门

色琉璃相对。祭坛东南西北四方各设白石阶6级。

祭坛周围有壝墙，方形，周长约315米，高约2.6米，厚约0.7米。壝墙四面各开棂星门一座。正东之棂星门为三门六柱，西、南、北三门则均为一门二柱，柱和楣为白石制。扉皆为朱棂。

祭器库和乐器库分别为存放祭月时使用的祭器和乐器的仓库。两库位于壝墙南门外，坐南朝北，各3间，祭器库在西，乐器库在东，建筑彼此联檐通脊。

神库是平时安奉夜明神位之地，神厨则是祭祀前准备祭祀供品的场所。井亭内可以汲水。月坛的神库、神厨、井亭、宰牲亭位于坛垣内西南隅的两个院落中。

北侧院落为神库和神厨及井亭：神库3间，坐西向东；神厨3间，坐南向北，均为一出三级陛阶；井亭北向，四面闲以朱棂；院落有墙垣一重，向东开一门。该院落和宰牲亭院落之间还有角门相连。

宰牲亭用于宰杀、清洗祭祀的太牢，如牛、羊、

太牢 古代帝王祭祀社稷时，牛、羊、豕三牲全备为"太牢"。古代祭祀所用牺牲，行祭前需先饲养于牢，故这类牺牲称为牢；又根据牺牲搭配的种类不同而有太牢、少牢之分。少牢只有羊、豕，没有牛。由于祭祀者和祭祀对象不同，所用牺牲的规格也有所区别：天子祭祀社稷用太牢，诸侯祭祀用少牢。

■ 月坛内的亭榭

猪等。宰牲亭自成一院落，位于神库、神厨、井亭院落南侧。院落内有宰牲亭3间，坐西向东，院落墙垣一重，门亦东向。

钟楼两层，绿琉璃筒瓦歇山顶，檐下彩绘旋子彩画。通过内部的木栅券门可登上二层。二层原有一尊铸造于明代的黄铜大钟，高3米、重两吨多。

具服殿是皇帝祭月更衣、休息的场所。正殿3间，坐北朝南，绿琉璃筒瓦歇山脊，檐下斗拱，梁枋施金凤和玺彩画，正中悬"具服殿"匾；殿内有清高宗"典崇郊坎"御额，且有对联：

西兑斋心陈白琥；
大田发咏庆黄云。

左右配殿各3间，殿顶覆黑琉璃瓦绿剪边，梁枋施旋子彩画。外设宫墙，形成院落，南开3座宫门。

旋子彩画 我国古代的彩画类型，俗称"学子""蜈蚣圈"，它的等级仅次于和玺彩画，其最大的特点是在藻头内使用了带卷涡纹的花瓣，即所谓旋子。旋子彩画最早出现于元代，明初基本定型，清代进一步程式化，它是明清官式建筑中运用最为广泛的彩画类型。

月坛内的钟楼

月坛一直以铁栅栏作为园墙。后来改造重建了坛墙的绝大部分，重建的坛墙高5米，全长达580米，总共由15万块用传统工艺制成的二重样城砖槽实砌而成。

月坛的东天门和北天门均为三券门式，通面阔22米，进深4.5米。朱红墙壁，歇山调大脊，单檐绿琉璃筒瓦，檐下彩绘旋子彩画。

光恒街位于北天门东北，东天门北。街北原有牌坊，称礼神坊，清朝时易名"光恒坊"，坊前界以朱栅。光恒街中心为甬路，该路由光恒街向南，然后西折，再向南达北天门，和门内的神路相接。

月坛内还种植了很多名贵树木，修缮了古建筑，其中钟楼、天门和神库等均保存完好。后来月坛又新建了很多景点，如月坛蟾宫、天香院、揽月亭、爽心亭、月桂亭等，成为了一处优美的游览胜地。

阅读链接

月坛分为南北两部分。北园以红砖绿瓦的古建筑和规则式的道路为特征；南园作为仿古园林，其中的山石、水池以及迂回曲折的园路，组成了一个自然山水园的格局。

整个月坛的设计建造以月为主题，园之名也取为"邀月园"。邀月园中部有一座小院，取"桂子月中落，天香云外飘"之意而名"天香院"。天香院南侧的草坪上，有数只石质玉兔，与天香院共同寓意为人间"广寒"。

月坛因其古香古色的建筑，成为著名的古典园林之一。